ANNIE DUMONT

Annie Dumont est orthophoniste, spécialiste de la dyslexie. Elle est attachée à l'hôpital Robert-Debré, et chargée d'enseignement à l'université Paris VI.

Elle est l'auteur de nombreux ouvrages, notamment *Mémoire et langage : surdité, dysphasie, dyslexie* (Masson, 2001) ; *Voir la parole : lecture labiale, perception audiovisuelle de la parole* (Masson, 2002) ; *Réponses à vos questions sur la dyslexie* (Solar, 2003) ; et *Le bégaiement* (Solar, 2004).

La dyslexie

POCKET *Évolution*

Des livres pour vous faciliter la vie !

Dr Arthur AGATSTON
Régime Miami
Des kilos en moins et la santé en plus.

Susan FORWARD
en collaboration avec Joan TORRES
Quand le prince n'est plus charmant...
Comment sortir de l'enfer à deux.

Robert HOPCKE
Il n'y a pas de hasards
La place des coïncidences dans le roman de notre vie.

Docteur Jean-Claude HOUDRET
Bien se soigner par l'homéopathie
Un guide familial, pratique et accessible, présentant
la méthode thérapeutique homéopathique pour
la prévention et la guérison des maux courants.

Jacques SALOMÉ
T'es toi quand tu parles
Jalons pour une grammaire relationnelle.

Catherine SERRURIER
Ces femmes qui en font trop...
Réflexion sur le partage des tâches au sein du couple.

David SERVAN-SCHREIBER
Guérir
le stress, l'anxiété et la dépression
sans médicaments ni psychanalyse.
Après l'intelligence émotionnelle,
une nouvelle « médecine des émotions ».

Annie Dumont

Réponses
à vos questions sur
la dyslexie

SOLAR

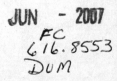

© 2003, Éditions Solar, Paris.

ISBN 2-266-14260-7

Sommaire

Introduction

Aujourd'hui, la plupart d'entre nous ont entendu parler de dyslexie et tout le monde a rencontré, ou est susceptible de rencontrer, une personne dyslexique. Les statistiques officielles françaises estiment à plus de 4 000 000 le nombre de personnes non autonomes avec la lecture et l'écrit malgré un apprentissage scolaire.

La dyslexie, littéralement dysfonctionnement (du grec « dys », signifiant difficulté) dans le processus de traitement des mots (« lexis » désignant les mots), est bien plus qu'un trouble de l'apprentissage du langage écrit. Elle affecte nos modes de communication et touche au langage, qui est un code structurant tout à la fois psychologiquement et socialement. C'est pourquoi le discours sur la dyslexie est rarement neutre. Trouble scolaire remettant en cause les modes d'apprentissage du langage écrit pour les uns, « maladie du siècle » pour les autres, la dyslexie est, dans le monde, l'objet de centaines de thèses explicatives, d'autant de méthodes de rééducation et de nombreuses polémiques quant à sa nature.

La dyslexie a longtemps été confondue avec l'analphabétisme, qui résulte non pas d'un trouble de l'apprentissage mais d'une absence d'apprentissage de la lecture. On a aussi amalgamé la dyslexie avec les troubles de la lecture présentés par les personnes atteintes de maladies neurologiques. Le concept de dyslexie n'est isolé et défini que depuis le début des années 1960. Cette maladie, pour ne pas dire cette épidémie, n'est plus considérée comme anodine. Elle est devenue familière dans le paysage de l'échec scolaire, dans les difficultés d'accès à la culture ou à une intégration professionnelle réussie. Malgré le flot d'informations, d'ailleurs souvent contradictoires ou approximatives, que nous recevons, la dyslexie demeure. Elle entraîne l'illettrisme et fait obstacle à la réussite professionnelle. Elle sème aussi le désarroi parmi les parents de dyslexiques, avec d'autant plus de force qu'eux-mêmes ont pu souffrir, ou souffrent encore, de ce véritable handicap social et culturel.

Le paysage actuel des dyslexies et de leur prise en charge est un paysage confus, qui entretient l'angoisse et la détresse des familles. Les principes sont plus souvent affirmés que démontrés, les modes thérapeutiques, les technologies ou les méthodologies de rééducation ont plus souvent une visée commerciale que philanthropique. Les médias traitent régulièrement le sujet, des débats s'organisent et alimentent des querelles idéologiques au détriment des enfants et des personnes atteintes.

Notre ouvrage n'est pas destiné à alimenter le débat théorique, polémique, ou technique. Il se place délibérément hors des écoles et des modes de pensée ou de rééducation. Il s'inscrit dans notre pratique en nous situant aux côtés du dyslexique et de sa famille dans l'accomplissement du processus thérapeutique qui va de l'identification du trouble à son traitement. Avec eux, nous questionnerons les dyslexies et les dyslexiques afin de mieux cerner la réalité de ce trouble d'acquisition du langage écrit.

Nous interrogerons aussi la médecine, la psychologie et l'orthophonie, afin de recueillir toutes les données permettant aux familles confrontées aux dyslexies d'exploiter au maximum leur potentiel pour réagir et renforcer les talents spécifiques de leur enfant : des compétences indispensables à l'efficacité de tout traitement... Nous espérons ainsi rassurer ces familles et leur permettre de mieux s'orienter parmi les structures et les discours contradictoires, en répondant aux questions qu'elles peuvent se poser.

I

Décrypter la dyslexie

1 - Comment définit-on la dyslexie ?

Le concept de dyslexie est difficile à délimiter car il représente un patchwork de troubles du langage écrit. Dans les milieux médicaux, pédagogiques et associatifs, il se dégage un consensus autour de la définition de l'Organisation Mondiale de la Santé (OMS) qui reconnaît la dyslexie « comme une difficulté durable d'apprentissage de la lecture et d'acquisition de son automatisme chez des enfants intelligents, normalement scolarisés, indemnes de troubles sensoriels et de troubles psychologiques préexistants ».

Il faut bien noter la notion de difficulté durable : on ne considérera pas comme dyslexique le lecteur débutant, qui décrypte les mots et les phrases en confondant des lettres ou inversant des syllabes au cours des premiers mois de l'apprentissage de l'écriture. Cette définition révèle aussi que la dyslexie concerne les troubles qui touchent à l'automatisation, et à l'usage aisé et fluide de l'écrit, après la phase d'apprentissage. Le lecteur expert lit aisément et sans effort apparent tout ce qui lui tombe sous la main, sans même avoir conscience des stratégies et des procédés qu'il emploie. Le dyslexique peine à déchiffrer, doit choisir ses lectures et évite certains écrits comme les modes d'emploi, les textes administratifs ou les livres épais. Pour lui, la lecture est synonyme d'effort, de contrainte, de souffrance... bien qu'il ait fréquenté l'école, soit entré en CP, entende bien, voie bien et soit normalement intelligent.

Parfois, le dyslexique a réussi son apprentissage de la lecture et c'est dans sa production écrite que les troubles spécifiques apparaissent. Alors qu'il ne fait aucune confusion ou inversion lorsqu'il lit, ses écrits sont émaillés d'erreurs répétées, qui augmentent au cours des années. Il ne peut formuler clairement sa pensée par écrit, éprouve les plus grandes difficultés à organiser, rédiger... Il manque de vocabulaire précis, peine à utiliser de façon adéquate les temps des verbes, les mots « fonction » (que, malgré, cependant...)

Au-delà de la définition descriptive de l'OMS, la dyslexie est avant tout pour ceux qu'elle atteint une réalité difficile à vivre et un obstacle sérieux à leur devenir scolaire et social. Étant donné la place de l'écrit dans l'acquisition des savoirs et dans le fonctionnement des sociétés actuelles, le sujet dyslexique est un être en souffrance face à un entourage désarmé. Il est menacé de troubles réactionnels du comportement allant de l'extrême timidité à l'hyperactivité (*cf. question 61*), nécessitant parfois des traitements médicamenteux et/ou des psychothérapies. Source de malaise pour les parents et les dyslexiques eux-mêmes, le trouble spécifique de la langue écrite peut aussi être à l'origine de l'illettrisme et avoir des retentissements sur les possibilités d'orientation professionnelle. Dépistée tôt, la dyslexie peut être combattue. Les parcours de dyslexiques célèbres ou non, de Léonard de Vinci à Tom Cruise en passant par Albert Einstein (*cf. question 115*), révèlent qu'il est réellement possible de « s'en sortir ».

2 - Existe-t-il plusieurs formes de dyslexie ?

Il n'y a pas une mais des dyslexies. Certains enfants inversent des lettres ou des syllabes et déchiffrent « nu » quand ils voient « un », « caramade » pour « camarade », « pra » pour « par »… D'autres semblent faire essentiellement des confusions de sons entre les /ch/ et les /j/, les /f/ et les /v/, les /t/ et les /d/, les /oi/ et les /a/… ou, encore, présentent des difficultés pour des mots comportant des sons complexes en ill, gn, ien… Certains changent les mots et déchiffrent « lion » alors qu'il s'agit de « tigre ». Se contentant d'une vision approximative du mot, ils procèdent de façon floue et proposent, comme dans un jeu de devinette, un mot qui peut convenir en fonction de leur perception visuelle, de certains indices et du contexte de la phrase ou du thème du récit. D'autres réalisent plutôt des confusions visuelles entre des lettres qui se ressemblent graphiquement ou sont symétriques par rapport à un axe vertical ou horizontal. Ils mélangent alors les m et les n, les b et les d, les p et les q. Ils changent les « petits mots » et lisent « le » quand il s'agit de « un »… Certains encore effectuent toutes les confusions possibles de sons et de formes, au point que chacune de leurs lectures est malaisée et laborieuse.

Les spécialistes distinguent deux grandes familles de dyslexies. La première est celle des dyslexies phonologiques, nommées dysphonétiques par la neuropsychologue américaine Elena Boder, qui étudia, dans les années 1960, les inaptitudes spécifiques à l'acquisition de la lecture. Les dyslexies phonologiques se caractérisent par un plus grand nombre de confusions et d'erreurs de manipulation des sons (*cf. question 66*). L'enfant peut par exemple lire « boivrer » pour « poivrer », « perenez » pour « prenez », « sali » pour « calice ». L'autre grande famille est celle des dyslexies de surface, dites visuo-attentionnelles, également désignées comme dyslexies dyséidétiques par Elena Boder. Elles sont liées à des confusions visuelles et des difficultés de traitement de l'image visuelle des lettres et des mots écrits (*cf. question 67*). L'enfant confond alors les mots : « septième » est lu « septembre », « film » est lu « fil »… Certaines formes combinent les deux tendances et sont qualifiées de dyslexies mixtes (*cf. question 68*).

Pour le dyslexique et ses parents, quelle que soit la forme du trouble du langage écrit, les conséquences sont toujours lourdes : les mauvaises notes, l'incompréhension et le découragement sont au rendez-vous. Cependant, les répercussions sont variables selon que l'enfant et la famille sont à un moment ou l'autre de leur histoire, que leur vulnérabilité est plus ou moins grande. À certaines périodes, la personne dyslexique peut maîtriser le langage écrit au moyen de stratégies efficaces. Son trouble n'apparaît alors que lorsque la charge de travail ou le stress sont majorés (par exemple lors de l'entrée en secondaire ou dans une grande école). D'autres personnes qui ont été dyslexiques à certains moments de leur vie demeureront, au contraire, toujours en grande difficulté par rapport à la lecture.

Finalement, pour reprendre l'expression de Paule Cruizat et Monique Lasserre (respectivement kinési-thérapeute et psychologue scolaire, et auteurs de *Dyslexique, peut-être ? et après...,* La Découverte, Paris, 2002), « les dyslexiques peuvent être aussi différents que le sont les frères et sœurs d'une même famille ».

3 - Existe-t-il divers degrés de gravité de la dyslexie ?

La dyslexie ne s'exprime pas toujours de façon catastrophique. Dans ses formes mineures, elle peut se concrétiser par de simples difficultés dans l'usage fluide de la lecture. Dans ses formes graves, elle prendra la forme d'une quasi-impossibilité d'utiliser l'écrit pour comprendre et apprendre.

Dans les cas sévères, la dyslexie présente l'avantage d'être facilement repérée ; en outre, elle est parfois associée à un trouble important du langage oral, ou dysphasie (*cf. question 4*). Elle est alors dépistée en amont de l'apprentissage de la lecture, ce qui permet de proposer les aides adéquates et d'amener l'enfant à la lecture en contournant, par anticipation, les difficultés qu'il pourra rencontrer.

Lorsqu'elle est moins sévère, la dyslexie est identifiée plus tardivement dans le parcours scolaire de l'enfant. Elle ne se déclare franchement que dans la production d'écrits. Les enfants concernés sont souvent vifs et bons à l'oral, ce qui pousse leur entourage à les considérer comme paresseux. En fait, leur dyslexie est mineure mais bien réelle. Si elle n'est pas prise en compte, le risque de difficultés d'apprentissage du langage écrit existe vraiment. Malgré une expression orale claire, l'enfant présente des difficultés pour s'exprimer par écrit, choisir le mot juste, ordonner ses idées en suivant un plan.

Quelle que soit l'ampleur du trouble, le diagnostic apporte un soulagement face à la sensation de malaise. Conscients de la réalité de leurs difficultés, rassurés à l'idée de pouvoir être aidés, ces enfants investissent souvent très favorablement les aides proposées par la rééducation.

Le cas de Charles : un trouble minime mais bien réel

Âgé de 9 ans, Charles est scolarisé en CM1. Il est adressé en bilan orthophonique par son enseignante. En effet, celle-ci est désorientée par ce jeune garçon brillant à l'oral, intéressé par les divers apprentissages scolaires, habile et compétent en lecture mais présentant des difficultés à l'écrit. Comme elle le signale au jeune et à sa famille « ce n'est peut-être pas grave, mais il y a probablement quelque chose à faire et, dans ce cas, c'est dommage de le laisser comme ça ».

Les tests orthophoniques montrent que cette institutrice a bien repéré le trouble minime, mais bien réel, que présente le jeune garçon. Tandis que la lecture de Charles est fluide et l'accès au sens très aisé, le test de l'Alouette, épreuve de lecture qui permet de mesurer la vitesse de déchiffrage et d'observer la plupart des confusions phonétiques et visuelles (*cf. question 71*) fait apparaître des éléments typiques de dyslexie. On apprend à cette occasion qu'il existe deux autres dyslexiques dans la famille. L'expression écrite de Charles, sous forme dictée ou d'expression libre, révèle une problématique spécifique de l'orthographe d'usage avec des erreurs de redoublement de consonnes : « giraffe » pour girafe, « prommené » pour promené, « louin » pour loin… ainsi que des oublis de petits mots. Une rééducation brève va donc être entreprise dès le début du CM1, ce qui séduit ce jeune garçon, rassure ses parents et confirme les soupçons de l'enseignante.

Le cas d'Antoine : un trouble sévère

Parfois, le trouble est sévère, comme chez Antoine, âgé de 11 ans, qui peine en classe de 6ᵉ dès qu'il s'agit de lire ou d'écrire. Tous les professeurs ont remarqué ses compétences de compréhension et de raisonnement, mais ils sont totalement désorientés par les productions écrites de leur élève. Même en copie, ce dernier leur fournit des énoncés difficiles à décrypter : « la réponsse a sette cuestion est jueste ». Antoine peut commencer une rédaction sur le thème d'un conte travaillé en classe par l'énoncé suivant : « Il aitai une foit une prinsaise qui sapelai nathali. Elle mevolait pas mange et le roi sont paire siccuitai bocou »… Cette rédaction se prolonge sur une demi-page du même style, mais se termine par un énoncé péremptoire et bien orthographié : « Je n'ai pas fini ! »

Le tableau dyslexique est, dans ce cas, très différent. Antoine souffre d'une dyslexie majeure repérée en CE1. Le diagnostic ayant été posé en début de scolarité élémentaire, Antoine bénéficie d'une prise en charge adaptée : rééducation orthophonique, soutien psychologique, aménagement scolaire. Mais les nouveaux professeurs de cette classe de 6e sont perplexes face à l'ampleur de la dyslexie d'Antoine. Ils s'interrogent sur la mise en place de mesures spécifiques pour les évaluations. Au cours de la réunion pour le projet d'intégration, ils décident de lui proposer, pour les partiels hebdomadaires, un tiers de temps supplémentaire et s'interrogent sur le recours à l'informatique. Le trouble est ici majeur et nécessite des aides spécifiques importantes à tous les niveaux.

Le quotidien de ces deux enfants « dyslexiques » et de leur famille est radicalement différent car la gravité de leur trouble n'atteint pas la même ampleur. Sous la même appellation de dyslexie, les troubles du langage écrit présentés par l'un et par l'autre ont des répercussions différentes.

On peut être dyslexique un peu, beaucoup ou énormément selon l'origine du trouble et les capacités de compensation développées. La gravité évolue aussi selon le soutien de l'environnement familial et la présence, ou non, d'aides spécialisées comme la rééducation.

4 - Quels sont les liens entre dysphasie et dyslexie ?

La dysphasie ressemble à un retard de parole et de langage dans sa forme la plus sévère. On sait que ce trouble est d'origine congénitale, mais sa cause précise n'est pas connue. Les dyslexies sévères sont parfois associées à une dysphasie. Inversement, une dysphasie est fréquemment associée, dans son évolution, à une dyslexie.

Alors qu'un retard simple de parole et de langage est un trouble fonctionnel qui se manifeste par une mauvaise utilisation de l'outil langage, la dysphasie est un trouble d'ordre structurel. Elle perturbe l'organisation même du système linguistique. Le trouble atteint le langage dans ses différents registres : la prononciation (phonologie), le vocabulaire (lexique), la construction des phrases (syntaxe) et les usages plus élaborés et complexes de la langue (métalangage).

L'expression orale est parfois très réduite : quelques mots isolés, une parole très déformée, parfois inintelligible, et un langage sans phrase (agrammatique) – « moi pla mainan » (« moi je veux aller à la plage maintenant »). La perturbation est diffuse et la compréhension peut être touchée à différents degrés. À la dysphasie correspond un développement dysharmonique du langage et de la pensée.

Il est indispensable de dépister rapidement une dysphasie et de la rééduquer intensivement pour éviter, notamment, qu'elle n'entraîne une dyslexie.

5 - Quels sont les signes pouvant laisser supposer qu'un enfant a un trouble dyslexique ?

Compte tenu de l'ampleur que peut prendre la dyslexie, il est difficile d'imaginer qu'elle surgisse brutalement, sans signes précurseurs. Il est peu probable que l'enfant devienne, tout à coup, incompétent face au langage écrit alors qu'il était bon communicateur en langage oral et motivé pour les apprentissages scolaires. Parfois, des signes peuvent alerter l'entourage familial ou scolaire (*cf. questions 12 et 15*), par exemple si l'enfant présente des difficultés à mémoriser, à se repérer dans l'espace et le temps, à organiser sa motricité...

Lorsque l'enfant commence à utiliser le langage oral et à réclamer son « tanpalon » pour « pantalon », ou à s'exclamer « mima a i » pour « mamie arrive », certains parents se posent la question : « mon enfant est-il dyslexique ou en passe de le devenir ? » Ce trouble, redoutable et redouté, questionne parfois les parents avant même que leur enfant n'ait franchi les portes du Cours Préparatoire et ouvert son premier livre de lecture. Cette intuition d'un trouble présent chez l'enfant dès le début de la parole est fondée sur le lien qui relie langage oral et langage écrit (*cf. question 7*).

On distingue plusieurs tendances dans l'apparition des premiers soupçons. Dans certaines familles, une attention spécifique est portée à la mise en place du langage oral de l'enfant en raison de l'existence d'une dyslexie familiale. Ces parents-là s'inquiètent si leur enfant, âgé de 3 ans, présente des particularités dans sa parole avec, notamment, des inversions ou des déformations dans les mots de trois syllabes (« babado » pour « lavabo ») ou un maintien de formes plus proches des sons que des mots (« la meum » pour « la vache »), ou encore des mots valises pouvant désigner des significations différentes (par exemple, l'emploi du mot « bébé » tout autant pour « bébé » que pour « tomber » ou encore « donner »). Ces particularités sont signalées par des parents, dyslexiques eux-mêmes, qui ont été ou sont encore gênés dans l'usage des sons du langage. Ainsi Mme B., maman d'un jeune Alexandre âgé de 3 ans et qualifié d'hyperactif, nous fait part de son inquiétude face au langage de son fils, qui ne prononce pas les i. Elle-même, profondément dyslexique, nous déclare ne pas entendre les sons ail ou gne dans des mots comme « travail » ou « montagne ».

D'autres parents ne suspectent le trouble que lorsque leur enfant est confronté à l'apprentissage de la lecture. On se trouve en général face à une famille dont les parents ne sont pas dyslexiques et dans laquelle les frères ou sœurs aînés ont appris à lire aisément. Dans ces familles-là, c'est la surprise, l'incompréhension, voire l'agacement quand l'enfant, qui ne posait aucun problème jusqu'alors, échoue dans ses premiers apprentissages de l'écrit. Au cours des premiers mois du CP, ils tentent de l'aider, mais le travail scolaire quotidien devient source de conflits. Ils sont peu rassurés par les discours de l'entourage familial ou médical qui banalisent souvent le phénomène : « Ça va venir, c'est plus long avec les nouvelles méthodes, il faut attendre que la maîtresse revienne de son congé de maternité, c'est le plus jeune, il joue au bébé… » En général, à la fin du premier trimestre, ils n'en peuvent plus et commencent à consulter divers spécialistes. Débute alors la course aux bilans : pédiatre, ophtalmologiste, ORL, psychologue, orthophoniste…

Dans d'autres situations, l'enfant a réussi à cacher ou à surmonter plus ou moins ses difficultés, et c'est en classe de 6e ou dans les premières années de la scolarité secondaire que l'on repère des difficultés spécifiques en rédaction, en SVT (sciences et vie de la terre) ou lors de l'apprentissage d'une langue étrangère. Grâce à leur bonne mémoire, ces enfants ont réussi à mettre en place des stratégies compensatoires qui ont fonctionné efficacement jusqu'à ce qu'ils aient 10 ou 11 ans. Il s'agit souvent de formes mineures de dyslexie et, parfois, la plainte n'est pas réellement scolaire ou linguistique mais plus globale. On observe une baisse des performances et des plaintes somatiques (confondues quelquefois avec l'entrée dans la crise d'adolescence). L'enfant est fatigué, agité… Certains ont été rééduqués en CP ou en CE1-CE2 pour difficultés d'apprentissage de la lecture ; ou alors un bilan orthophonique a été réalisé à l'époque, mais il n'a rien révélé de spécifique. C'est alors la complexité des acquisitions du cycle secondaire qui provoque la décompensation révélatrice de la dyslexie sous-jacente.

6 - Comment l'apprentissage du langage fonctionne-t-il ?

Pour mieux comprendre la façon dont l'enfant développe ses connaissances, il est nécessaire avant tout de comprendre comment il apprend à parler, puis comment il passe progressivement du langage oral au langage écrit (*cf. question 7*). Enfin, il faut expliquer comment il s'approprie la lecture et l'écriture, comment il se repère dans les traces écrites et attribue du sens aux signes que constituent les lettres et les mots.

Pour élaborer son langage et prendre la parole, l'enfant doit analyser la suite de sons qu'il entend, repérer des rythmes, extraire des mots qui lui permettent de comprendre la relation entre les personnes, les objets, les actions, les états… et leurs représentations symboliques sous forme de mots parlés constitués d'éléments sonores appelés phonèmes. Il doit faire le lien entre ce qu'il perçoit, ce qu'il ressent et ce qu'il comprend. Par exemple entre la vision d'une voiture, le bruit qu'elle fait, le volume qu'elle occupe, les déplacements qu'elle effectue, les dangers qui l'environnent… et son étiquette verbale symbolique, le mot « voiture », généralement utilisé au milieu d'autres mots : « fais attention à la voiture », « on va prendre la voiture », « la voiture est en panne »…

Ces opérations cognitives – d'acquisition des connaissances – requièrent de l'enfant l'aptitude à se représenter le monde environnant et à saisir les rapports de cause à effet entre son vécu sensoriel et sa signification. Les processus alors engagés sollicitent l'attention, l'audition et la mémoire. Les acquisitions verbales sont complexes et nécessitent un temps relativement long d'observation et d'imprégnation qualifié de « bain de langage ».

Dès les premiers mois de sa vie, le bébé s'intéresse à son entourage, stocke diverses informations, comprend les processus d'interaction et se met à produire ses premiers mots. Il quitte ainsi peu à peu le monde de « l'infans » (« celui qui ne parle pas »). Il lui faut ensuite plusieurs années pour maîtriser les règles d'organisation des sons, mots et structures de phrases de la langue de son pays. Il commence alors à construire son langage pour comprendre et se faire comprendre.

Pendant tout ce temps, l'enfant affine l'analyse auditive de la langue. Il cerne les usages du langage, mémorise du vocabulaire et acquiert des structures grammaticales. Il lui faudra également du temps pour maîtriser les aspects moteurs du langage parlé, articuler tous les sons caractéristiques de la langue, contrôler le débit de ses énoncés, développer son vocabulaire, enrichir ses phrases, jouer avec les différents usages… c'est-à-dire s'approprier le langage oral que son milieu culturel lui a simplement donné à entendre.

Ce « travail » se fait à l'insu de l'intéressé et de son entourage, donnant le sentiment d'un apprentissage naturel : il n'est point nécessaire d'entrer dans une école du langage et de prendre des leçons de parole pour parler et ainsi devenir un locuteur.

7- Comment l'enfant passe-t-il du « dire » au « lire » ?

Quand vient le temps d'apprendre à lire, l'enfant doit faire coïncider une suite de signes écrits avec des mots dont il connaît le sens et l'image sonore mais pas nécessairement la structure. Les liens entre les signes sonores et visuels ne sont pas simples. Les travaux de recherches réalisés depuis une vingtaine d'années confirment que l'analyse des sons est fondamentale dans l'apprentissage de la lecture. Cette mise en relation est complexe et se déroule en différentes phases s'étalant sur plusieurs mois.

Quand il comprend le langage qu'on lui adresse et qu'il parle, le jeune enfant révèle des capacités de traitement qu'il utilisera également dans la lecture. Il reconnaît des énoncés sonores constitués de mots et de groupes de mots. Il produit des phonèmes (unités sonores de base du langage) et des successions syllabiques chargées de sens. Il perçoit et utilise des structures grammaticales qui lui permettent de comprendre et d'être compris. Mais il lui manque encore certains processus spécifiques qui tiennent à la nature de l'écrit.

Alors que la parole vient généralement spontanément, la lecture ou l'écriture sont d'un usage moins naturel. En plus des compétences linguistiques, l'acte de lire requiert certaines capacités spécifiques telles que la mémoire, la concentration, la capacité de traiter des informations auditives et des informations visuelles.

D'après les travaux d'Utah Frith, une psychologue anglaise qui a proposé en 1985 un modèle du développement de la lecture, l'apprenti lecteur traverse trois grandes étapes pour passer du langage oral au langage écrit.

Tout d'abord, il attribue une analogie entre la forme écrite et la réalité que représente le mot. Ainsi Alexandra refuse catégoriquement que la réalisation écrite du mot « papa » concerne l'auteur de ses jours alors que l'étiquette « Alexandra » la désigne. Elle est bien trop petite pour que son nom prenne tant de place sur la ligne, alors que « papa » figure en entier dans une petite trace de quatre lettres ! L'enfant identifie également l'écrit qui l'environne en fonction de traits saillants significatifs de la trace écrite. Ainsi il reconnaît « Aymeric » à l'emplacement et à la forme du y, « vélo » à partir de la présence du o. En revanche, il n'analyse pas chaque partie du mot écrit pour mettre en relation les lettres avec les sons correspondants (comme on le fait en apprenant l'alphabet). Il a une perception globale : c'est le stade dit logographique.

Dans la deuxième étape du développement, que l'on qualifie d'alphabétique, l'enfant apprend systématiquement les liens entre les lettres ou les groupes de lettres (la partie visuelle) et leur correspondance phonologique (la partie sonore). C'est la mise en rapport entre la version écrite et la version orale du mot. Cette procédure joue un rôle majeur dans l'apprentissage de la lecture et nécessite le codage phonologique du mot. S'il existe alors une difficulté à manipuler les sons, à jouer avec les rimes ou à les mémoriser, l'accès à l'écrit peut être compromis. Si tout va bien, des automatismes se créent et, à chaque identification, l'enfant renforce, enrichit, automatise ses capacités de lecture. Grâce au travail de la mémoire visuelle, il peut accéder directement au mot s'il le rencontre à nouveau dans un autre environnement. Il va reconnaître d'un seul coup d'œil un mot déjà lu quelque part. En revanche, si la structure est complexe ou le mot inconnu, il change de mode d'accès et effectue à nouveau la traduction des syllabes ou des lettres en sons : il « décrypte » le mot au lieu de le « photographier ».

Puis vient le stade orthographique qui, grâce à l'intégration de règles d'orthographe, permet à l'enfant de se constituer des représentations internes des mots. Il peut attribuer tout de suite un sens au mot parce qu'il sait qu'à telle « image » du mot correspond un sens précis (un mot au pluriel, par exemple). C'est ce qui fait que les textes mal orthographiés sont souvent plus difficiles à déchiffrer, même et surtout pour un bon lecteur...

Ce modèle d'acquisition attribue une importance primordiale à la prise de conscience des éléments constitutifs du langage. Il travaille sur le caractère segmental de la parole, c'est-à-dire sa constitution en unités qui peuvent se repérer, se combiner, s'associer ou se permuter. Il montre que la connaissance du langage parlé joue un rôle dans l'apprentissage du langage écrit.

Les travaux d'Utah Frith ont dévoilé les processus que l'enfant met en place pour aller du langage oral au langage écrit, du « dire au lire ». Ces règles ne sont ni faciles, ni naturelles au cours des phases précoces d'acquisition. La conscience des phonèmes (unités sonores du langage) est initialement plus difficile à acquérir que la conscience des syllabes (des « morceaux » de mots) qui correspond à un acte unitaire de la parole. Cette acquisition nécessite un entraînement particulier et l'intervention directe de l'adulte. Le contact passif avec l'alphabet n'est pas suffisant. L'entraînement à la manipulation des unités segmentales de la langue (appelée « conscience phonologique ») permet réellement d'aider le lecteur débutant en mettant en évidence le lien entre « dire » et « lire ». On peut par exemple attirer l'attention de l'enfant sur le fait que l'on entend /i/ dans « Maxime » comme dans « livre », « ami », « histoire »... Une difficulté dans ce lien ne doit jamais être négligée. Elle implique un dépistage spécifique des troubles d'apprentissage dès la maternelle, au moyen de tests permettant d'évaluer les compétences de l'enfant dans le traitement du langage (*cf. question 71*).

8 - Quelles sont les étapes de l'apprentissage de l'écriture ?

Se repérer dans l'espace et le temps, s'orienter dans son environnement et par rapport à une page blanche se réalise progressivement et notamment par l'expérience de l'écriture. Au cours de ses premières années, l'enfant apprend à coordonner ses gestes et sa vision à travers une activité favorite des petits : le gribouillage. Lorsqu'on confie à un jeune enfant une feuille et des crayons, il réalise avec ardeurs divers balayages.

Ce sont au début des actes impulsifs essentiellement moteurs. Mais, dès l'âge de 2 ans, l'enfant s'intéresse à la trace laissée sur le papier. Les premières formes qu'il produit volontairement naissent souvent dans un jeu d'imitation de l'adulte. À 3 ans, il s'entraîne à faire des ronds en tenant maladroitement son crayon. Il peut modifier un tracé en cours de route car l'œil commence à guider la main. À 4 ans, il sait différencier le dessin et l'écriture, reconnaître le haut et bas, dessiner un bonhomme, faire des carrés qui l'aident à construire des maisons, écrire quelques lettres en capitales. À 5 ans, il aime écrire son prénom, commence à réaliser des figures plus complexes (rectangle, triangle), peut parfois écrire en miroir lorsqu'il tente d'écrire en écriture attachée ou de recopier des chiffres. À 6 ans, il commence à comprendre le concept de profil, peut copier des figures géométriques complexes comme le losange, acquiert ses mots favoris en écriture attachée. Généralement, le mot préféré de l'enfant est son prénom, puis viennent « papa » et « maman »… Par la suite, ses acquisitions se développeront au rythme des demandes pédagogiques.

Les âges indiqués sont bien sûr approximatifs, chaque enfant évoluant à son propre rythme. Ils permettent juste de se situer globalement par rapport à une classe d'âge.

9 - Quand un enfant rencontre des difficultés à organiser ses phrases, à jouer avec les syllabes, à mémoriser des comptines, doit-on craindre un trouble d'acquisition de la lecture ?

Une étude française réalisée en 2000 auprès de 714 enfants dyslexiques (donc ayant des troubles durables d'acquisition de la lecture) a révélé que 46 % d'entre eux avaient présenté des retards de parole et de langage dans la petite enfance. Il faut donc suivre de près ces retards et les rééduquer le cas échéant, tout en ayant conscience que toute difficulté n'est pas forcément synonyme de retard durable.

En effet, l'apprentissage du langage (*cf. question* 6) ne se déroule pas pour tous les enfants de la même manière. Certains transforment provisoirement les /ch/ en /t/ (évoquant leur /tapeau/ perdu à l'école), d'autres ne prononcent pas les /r/, car le jeune enfant procède par tâtonnement et approximation articulatoire. Ainsi, en quelques mois, il passera du « tapeau » au « sapeau » avant d'éclore en « chapeau ». La mise en place des phonèmes (les éléments sonores à la base du langage) est en rapport avec le développement moteur. Elle ne se fait pas au même rythme chez tous les enfants : plus de 30 % des enfants de 4 à 6 ans ne prononcent pas correctement les /s/, /z/, /ch/, /j/, sans qu'il s'agisse obligatoirement d'un trouble.

Parfois, les déformations sont plus nombreuses, et touchent non seulement les mouvements (de la langue, des lèvres et des joues…) mais également l'organisation des syllabes et des mots. On évoquera un retard de parole si l'enfant oublie des phonèmes, ou des syllabes, à la fin ou à l'intérieur des mots alors qu'il a déjà 4 ans et qu'il est scolarisé en moyenne section de maternelle. S'il refuse son « micament » (« médicament »), demande d'ouvrir la « pote » (« porte ») et vous offre des « fœu » (« fleurs »). Ou, encore, s'il remplace des phonèmes par d'autres et les inverse ou les répète, quand plusieurs consonnes doivent être émises : le « crain » (« train »), le « pestacle » (« spectacle ») ou la « bourette » (« brouette ») et les « nunettes » (« lunettes »), le « trotrodile » (« crocodile »). Souvent, l'enfant possède tous les sons de la langue quand on lui demande de les prononcer isolément, mais il les déforme à l'intérieur des mots.

Ce retard de parole fonctionnel est fréquemment associé à un retard de langage plus structurel qui se caractérise par un manque de vocabulaire et des phrases incomplètes ou mal construites : « voiture cassée papa ». Cependant, de nombreux enfants récupèrent un bon niveau de langage aux alentours de 5 ans.

10 - Tous les troubles liés à l'écrit annoncent-ils une dyslexie ?

Il ne faut pas tout mettre sur le dos de la dyslexie. Certains enfants peuvent rencontrer des difficultés face à l'écrit sans être pour autant dyslexiques. Peut-être ont-ils accumulé, pour des raisons diverses, un retard pédagogique qui sera résolu par un soutien scolaire avec reprise des acquisitions non réalisées au moment voulu (*cf. question 16*).

D'autres sont envahis de difficultés psychiques (angoisse de grandir, peur de découvrir des secrets, peur du regard des autres, insécurité…) mais parviennent à donner le change. Le trouble de la lecture est dans ce contexte le signe d'une problématique d'un ordre plus psychologique qu'il convient de ne pas négliger. Il est avant tout nécessaire de consulter un psychologue ou un pédopsychiatre.

Certains, enfin, n'ont tout simplement pas encore accumulé suffisamment d'expérience face à l'écrit et sont des lecteurs débutants qui manquent d'expertise. Ils butent sur les groupes en tr et dr, peuvent à certains moments déchiffrer « trou » pour « tour », « darpeau » pour « drapeau », confondent les p et les b, les m et les n… mais ces confusions et inversions ne sont que de courte durée et sont progressivement corrigées par le lecteur débutant lui-même. Il convient alors de lui laisser du temps. On peut lui proposer une grande variété d'écrits qui lui permettront de développer et d'affiner ses compétences en lecture. Ces dernières ne cesseront de s'enrichir au fil des années et des rencontres avec l'écrit.

La diminution progressive des confusions, inversions, élisions et autres perturbations au cours des 6 à 9 premiers mois de l'apprentissage révèlera qu'il ne s'agissait pas de signes spécifiques de dyslexie mais de « ratés » dus à la phase initiale de l'apprentissage de cette fonction complexe que constitue la lecture.

11 - Un adulte peut-il être, rester ou devenir dyslexique ?

Les conséquences possibles d'un dépistage et d'un traitement tardif d'une dyslexie sont l'exclusion sociale et l'illettrisme. De nombreux chercheurs s'interrogent sur les liens entre dyslexie de l'enfance et illettrisme de l'adulte.

Certains adultes, dyslexiques dans leur enfance, sont de grands lecteurs qui ne veulent à aucun prix perdre les acquis difficilement atteints. Ils gardent parfois des séquelles qui peuvent réapparaître dans des situations difficiles (stress, fatigue) ou encore des zones de fragilité (mémorisation de noms propres). D'autres demeurent dyslexiques et fuient les situations d'utilisation du langage écrit. Il s'agit souvent de personnes pour lesquelles le diagnostic a été tardif et peu suivi de prise en charge adaptée. La situation socioprofessionnelle des dyslexiques non traités dans l'enfance est souvent difficile.

Les personnes qui présentent à l'âge adulte des troubles graves de la lecture ont généralement des troubles neurologiques acquis pouvant conduire à l'impossibilité complète de lire. Le neurologue français J. Déjérine utilisait le terme de « cécité verbale » pour décrire les troubles de la lecture survenant chez l'adulte à la suite d'une lésion cérébrale.

II

Être parents d'un enfant dyslexique

12 - Comment savoir si mon enfant est dyslexique ?

L'enfant dyslexique présente souvent certains signes spécifiques. Au moment de l'apprentissage de la lecture, il convient de s'inquiéter quand ces signes s'ajoutent les uns aux autres de façon persistante.

— Il possède un esprit vif, brillant à l'oral, curieux de tout, mais peine à lire au-delà des premiers mois de l'apprentissage.

— Dès qu'il s'agit de lire, d'écrire ou de comprendre au moyen de la lecture, il est lent, voire très lent. On le considère souvent comme paresseux.

— Lorsqu'il lit ou écrit, il réalise de façon répétée des confusions, des répétitions, des substitutions, des inversions, des omissions de lettres, de syllabes, de mots et/ou de chiffres.

— Il a du mal à soutenir son attention, à retenir des noms propres, des leçons ou des poésies.

— Il devient fatigué, agité ou stressé lorsqu'il s'agit de lire (notamment à haute voix) ou d'écrire.

— Il présente des difficultés à se repérer dans l'espace (la gauche et la droite, le dessus et le dessous, l'est et l'ouest…) et le temps (les mois, les saisons, les durées…).
— Il rencontre des difficultés à écrire, même en copie. Son écriture est souvent illisible ou irrégulière.
— Il peut être ambidextre (c'est-à-dire utiliser indifféremment ses mains droite ou gauche pour écrire, dessiner…).
— Il se croit bête et a peu d'estime de soi.
— Ses erreurs se multiplient sous l'effet de la fatigue ou du stress.

Si votre enfant présente plus de la moitié de ces caractéristiques, il faut vous en inquiéter et en parler à son enseignant. Vous pouvez également interroger votre pédiatre ou votre médecin traitant. Ils prescriront des examens médicaux complémentaires (bilan ophtalmologique, bilan auditif) et paramédicaux, notamment orthophonique (*cf. question 18*).

Le bilan orthophonique est réalisé sur prescription du médecin traitant, qui indique si possible ce qui a motivé la demande et donne tout élément susceptible d'orienter l'évaluation orthophonique (otites à répétition, etc.). Le médecin peut prescrire « un bilan orthophonique avec rééducation si nécessaire ». L'orthophoniste effectue alors le bilan et pose le diagnostic orthophonique permettant d'entreprendre la rééducation si celle-ci s'avère nécessaire (*cf. question 70*). Il établit un compte rendu des examens réalisés, précise les objectifs de la rééducation, le nombre et la nature des séances. Lors de pathologies complexe ou en cas d'incertitude, le médecin peut vouloir disposer d'un ensemble de bilans et d'examens pour l'aider à poser son diagnostic médical. Il prescrit alors « un bilan orthophonique d'investigation ». C'est une fois en possession des résultats de tous les examens jugés utiles qu'il choisit la thérapeutique à mettre en œuvre et fait éventuellement appel à l'orthophoniste.

Le bilan orthophonique est remboursé à 60 % par la Sécurité sociale (les 40 % restants étant éventuellement pris en charge par les mutuelles), qu'il soit « d'investigation » ou « avec rééducation si nécessaire ». Les séances de rééducation seront réalisées par série de 30, renouvelable par 20. Elles sont remboursées aux mêmes taux que le bilan initial et peuvent être prises en charge à 100 % pour les bénéficiaires de la CMU (Couverture Maladie Universelle).

La prescription d'un bilan ne signifie pas qu'une rééducation sera automatiquement entreprise. Certains enfants ne sont pas dyslexiques et leurs difficultés passagères peuvent se réduire grandement grâce aux conseils donnés par l'orthophoniste aux parents et à l'enfant à l'issue du bilan. Il peut aussi s'agir d'un autre type de problématique qu'il convient de prendre en charge d'une autre façon (*cf. question 10*). Le bilan orthophonique, quoi qu'il en soit, donne des renseignements précis et datés qui permettront des comparaisons ultérieures si nécessaire.

Quelques erreurs à ne pas commettre

– Attendre sans rien faire en espérant que cela va s'arranger tout seul.

– Écouter les discours qui banalisent le phénomène : « ça va venir », « le déclic va se faire », « il ne veut pas grandir, il faut le laisser »…

– Gronder votre enfant : vous risquez de cristalliser chez lui un sentiment de honte (de vous décevoir) et une perte de confiance.

– Vous précipiter vers des méthodes toutes faites qui garantissent des résultats en quelques semaines.

Rappelez-vous que, plus tôt la dyslexie est décelée, plus la rééducation sera efficace.

13 - Le dyslexique fait-il tout « à l'envers » ?

Les actions de lire et d'écrire imposent de s'orienter dans l'espace en repérant des successions de formes se déroulant de gauche à droite (dans le cas de l'écriture occidentale) et dans un plan horizontal. Or, les parents découvrent parfois, en observant leur enfant, que celui-ci est perdu dans le temps et l'espace, qu'il confond les jours de la semaine, qu'il tient sa feuille à l'envers pour dessiner, qu'il prend la direction de sa chambre au lieu de la salle de bains, qu'il hésite entre sa main droite et sa main gauche pour saisir ses feutres. Ces comportements les inquiètent car ils y voient souvent les signes d'une dyslexie à venir.

Cette perplexité s'accroît lorsque les parents se posent la question de la latéralité (mon enfant est-il gaucher ou droitier ?), surtout si leur enfant est gaucher. En effet, la plupart des parents sont sensibles à la dominance de l'univers des droitiers et à la notion de gaucher contrarié, un préjugé fortement ancré dans l'inconscient collectif. La gaucherie naturelle ou contrariée a une fort mauvaise réputation : même si sa dénomination de « main du diable » a disparu, on l'accuse encore aujourd'hui – à tort – d'être liée au bégaiement, à l'énurésie, à la dyslexie...

Il est vrai que l'on retrouve chez les dyslexiques une plus grande quantité de personnes qui semblent voir les choses à l'envers, qui présentent des troubles de la latéralité (*cf. question 51*), des difficultés à identifier les lettres en miroir (p, q, b, d) ou celles qui comportent des points de ressemblance (q, g, m, n, f, t). Toutes ces subtilités graphiques nécessitent de connaître l'envers et l'endroit et de bien s'orienter dans l'espace.

S'il est vrai que l'enfant dyslexique, en raison de ses difficultés à se repérer dans le temps et dans l'espace, fait beaucoup de choses dans le sens inverse de la normale, cela ne signifie nullement qu'il raisonne « à l'envers ».

14 - Mon enfant écrit « en miroir ». Risque-t-il de devenir dyslexique ?

L'écrit environne l'enfant, il est présent partout, à la maison, dans la rue, les magasins... Alors que l'oral se donne à entendre, l'écrit se donne à voir et l'enfant réagit aux informations visuelles qui l'entourent. S'il souhaite manger des frites et un hamburger, il vous demandera d'aller chez McDo, mais il n'apprendra pas tout seul à faire la relation entre le logo et la succession des lettres « McDonald's ». L'écrit, sauf dans de rares exceptions, nécessite un apprentissage, c'est-à-dire le recours à des méthodes qui dévoilent un code particulier (*cf. question 7*). L'enfant doit effectuer des manipulations pour devenir expert dans le maniement des unités de l'écrit et compétent pour leur donner du sens. Pour ce faire, il doit apprendre à isoler les syllabes, à différencier les sons, à se situer dans l'espace, repérer le haut et le bas, la droite et la gauche, les successions...

Certains enfants interpellent leurs parents car ils repèrent et reconnaissent bien des mots fréquents (notamment leur prénom, « papa », « maman »), mais ils les écrivent à l'envers en commençant par la dernière lettre ou en réalisant des E, des B ou des P en miroir. Ces enfants-là peuvent aussi dessiner des maisons avec des toits penchés, des bonshommes à l'envers.

Tous les enfants qui écrivent « namam » au lieu de « maman » et « ɒqɒq » pour « papa » ne deviennent pas dyslexiques. L'écriture en miroir constitue un stade dans l'acquisition du codage de l'écrit. Mais quand l'enfant reste fixé à ce stade, le risque de développer une dyslexie existe.

15 - Mon beau-père m'affirme que mon fils est dyslexique. Que dois-je en penser ?

C'est fréquemment une personne de l'entourage ayant elle-même été touchée de très près par le problème qui repère les premiers signes de dyslexie. Les remarques de l'entourage, et tout particulièrement des personnes qui ont elles-mêmes été atteintes de dyslexie, doivent être prises au sérieux.

En effet, il existe des facteurs génétiques repérés depuis les années 1990.

Le risque de dyslexie est plus élevé chez les collatéraux d'un dyslexique que dans une population témoin. Il est particulièrement important chez un enfant dont un des deux parents est dyslexique. Toutefois, il parait exister plusieurs formes génétiques de dyslexie (*cf. question 45*). Certaines formes ne sont pas familiales et peuvent être non génétiquement déterminées, mais leur incidence est difficile à évaluer, faute de marqueur spécifique. Quel que soit le mode de transmission, les études épidémiologiques et intrafamiliales sont suffisamment démonstratives pour que l'on puisse avancer, dans de nombreux cas de dyslexie, la prééminence de facteurs génétiques.

Le cas d'Antoine et Julien : une histoire de famille

Antoine, ancien ingénieur à la retraite depuis peu, s'inquiète de voir son petit-fils Julien confondre les f et les t, les ou et les on dans ses lectures, écrire de plus en plus difficilement et s'agiter le dimanche soir à la perspective de retrouver le chemin de l'école le lundi matin. Ayant fait part de ses remarques à sa belle-fille, il exhorte cette dernière à consulter car il a lui-même bataillé pendant de nombreuses années avec une dyslexie tenace qui a perturbé ses études, notamment dans les petites classes.

Antoine a raison de pousser les parents de Julien à agir, car il sait, pour l'avoir vécu, que la réussite scolaire de l'élève dyslexique est fonction de l'importance de ses troubles, de ses capacités intellectuelles, de la précocité du diagnostic, de l'efficacité de la prise en charge en rééducation, de la qualité de l'aide pédagogique fournie par l'école, de la compréhension parentale et du comportement de l'élève lui-même. Autant d'éléments complexes qui poussent à déclencher le plus rapidement possible un véritable plan d'action. Voilà pourquoi il faut écouter ce grand-père attentif et proposer des évaluations à Julien. Si ces dernières s'avèrent révéler un trouble non spécifique mais seulement un décalage temporel dans les acquisitions, tout le monde sera rassuré et il sera seulement nécessaire de « donner du temps au temps ». Cependant, cette alerte aura permis de prendre en compte une difficulté de Julien, peut-être inaperçue dans le quotidien, et ouvrira à des échanges du vécu de la lecture pour chaque membre de la famille. Cette expérience riche permettra à chacun de réfléchir à ses premières rencontres avec l'écrit, éventuellement de se souvenir de son livre d'apprentissage de la lecture ou de son vrai premier livre dévoré avec plaisir…

16 - Toute la famille s'inquiète des problèmes d'apprentissage de la lecture de mon enfant : comment réagir ?

Avant tout, des examens précis, complets et pluridisciplinaires doivent être réalisés pour établir un diagnostic de dyslexie. Tous les enfants qui « écorchent » les mots de plusieurs syllabes ne sont pas des futurs dyslexiques (*cf. question 10*). La maîtrise du langage écrit est complexe. Elle sera retardée chez certains, rendue plus ardue chez d'autres par la présence de troubles sensoriels (otite) survenant dans des périodes clés du développement, ou encore complexifiée par des comportements de l'entourage ou les aléas de la vie (maladie, séparation, deuil…). Cependant, tous les enfants qui inversent les syllabes, écrivent en miroir, confondent les p et les b ne sont pas dyslexiques. Au cours de l'apprentissage de la lecture, ces « erreurs » sont banales et plus ou moins fréquentes. Elles tendent à disparaître lorsque l'enfant grandit, diversifie ses pratiques de l'écrit et devient un vrai lecteur plus expérimenté, mais elles perdurent chez l'enfant dyslexique.

La diversité étant de règle, il ne faut pas tirer de conclusion hâtive face aux difficultés de langage oral et/ou écrit du jeune enfant. Des évaluations fines et précises, au moyen d'observations et de tests, permettront de comprendre comment l'enfant organise et structure le langage oral et écrit, se représente le monde environnant, construit son identité et est motivé pour les apprentissages.

Il est vrai que beaucoup d'enfants développent leur langage avec un calendrier parfois décalé. Mais trop d'enfants auraient pu être dépistés plus tôt s'ils avaient été orientés vers des évaluations complètes débouchant sur des propositions de prise en charge adaptée.

17 - À quel âge peut-on établir le diagnostic de dyslexie ?

Étant donné qu'une dyslexie est un trouble spécifique du langage écrit, on ne pourra la diagnostiquer réellement qu'après un échec de la lecture, c'est-à-dire au cours de la seconde année d'apprentissage. Mais un dépistage en CE1 voire en début de CE2 est bien tardif, car l'enfant est en général âgé de 7 à 8-9 ans. Il a alors accumulé beaucoup d'expérience négative de la lecture et de l'école, et est parfois déjà enfermé dans un comportement d'échec et de perte de confiance.

En fait, la question de la dyslexie pourrait être posée plus précocement par les enseignants face à ce que l'on qualifie de signes d'appel (cf. questions 5 et 12). Théoriquement, d'après les nouveaux textes officiels, l'école devrait alerter les parents dès la petite ou moyenne section de maternelle si l'enfant présente des perturbations du langage oral, des difficultés d'orientation ou des maladresses motrices. À la charnière du cycle 1 et du cycle 2 (grande section de maternelle), le médecin scolaire dépiste les enfants qui risquent de présenter des difficultés dans l'apprentissage de l'écrit. Plus tard dans la scolarité, les évaluations du CE2 et de la 6ᵉ permettent de repérer les élèves en difficulté.

Les diagnostics différentiels de dysphasie ou de dyslexie sont effectués hors du système scolaire par des professionnels médicaux et paramédicaux (cf. le plan d'action gouvernemental en annexe, p. 199-216). En effet, ils nécessitent des évaluations précises et complètes qui imposent une formation approfondie et le recours à des outils spécifiques.

Les médecins et les associations de parents insistent pour que la dyslexie soit diagnostiquée le plus tôt possible afin d'éviter des complications psychologiques, une majoration des difficultés et un retard dans les acquisitions. La pratique orthophonique

quotidienne révèle que les personnes qui soup-
çonnent le plus précocement et le plus concrètement la dyslexie de leur enfant sont les parents. Ils
s'adressent alors aux pédiatres ou aux médecins
généralistes, qui conseillent un bilan orthophonique
pour faire le point. Parfois, le problème est soulevé
à l'école par le milieu enseignant et la réponse des
parents dépend des liens de confiance qui existent
avec l'équipe pédagogique du groupe scolaire.

18 - Comment un diagnostic de dyslexie est-il réalisé ?

Un diagnostic ne peut être posé qu'après une évaluation complète comportant un repérage des difficultés, une prise en compte de l'histoire de l'enfant,
la réalisation de divers examens médicaux, psychologiques et orthophoniques, ainsi que l'analyse de
leurs résultats et la synthèse de tous les éléments
recueillis.
Le bilan complet comporte donc plusieurs volets
car il faut s'assurer que l'enfant voit bien (examen
ophtalmologique), entend bien (examen ORL), qu'il
n'existe pas de carences spécifiques ou d'immatu-
rité (examen psychologique). Il faut analyser finement à travers un bilan orthophonique ses niveaux
d'expression et de compréhension du langage. On
utilise pour cela des tests standards ayant fait l'objet
d'un étalonnage : on peut ainsi situer le niveau de
l'enfant par rapport à son groupe d'âge. Il est également parfois nécessaire de réaliser un bilan psychomoteur avec des épreuves précises permettant
d'observer le contrôle tonique, la coordination des

gestes, la motricité fine, la dominance latérale (tous les gauchers ne sont pas dyslexiques), le rythme, la perception et l'organisation de l'espace, la grapho-motricité (posture et tenue du crayon).

Tous ces examens permettent de réaliser un diagnostic, d'apprécier la spécificité du trouble et de différencier un retard scolaire d'une dyslexie. Ce diagnostic n'a pas pour objectif de placer l'enfant dans un tiroir spécifique en lui attribuant une étiquette indélébile et un avenir figé. Le bilan complet doit, tout au contraire, permettre de comprendre les processus de pensée de l'enfant, ses stratégies d'orientation spatio-temporelle, ses compétences linguistiques et générales et ses modes de compensation afin de lui proposer les aides les plus adaptées.

19 - Quels sont les examens nécessaires pour déterminer le traitement de la dyslexie ?

Avant de débuter un traitement, il faut comprendre où se situe le problème : identification et représentation des sons, organisation et structure du langage, difficulté de repérage dans l'espace et le temps, motivation, maturité. L'évaluation conduit à faire des hypothèses sur la nature du problème, à lever le voile sur les opérations mentales, à mettre au point des programmes de rééducation et parfois à faire des prédictions sur les traitements proposés (*cf. question 70*).

La lecture et la production du langage écrit sont des activités complexes. Être capable de lire recouvre de nombreuses compétences qui seront analysées dans les diverses évaluations.

Quelles sont les capacités liées à la lecture que l'on essaie d'évaluer ?

— L'acquisition de la capacité de représentation, qui permet l'accès aux symboles. Certains enfants ne dessinent pas et ont des difficultés à se représenter les objets. Ils feront difficilement le lien entre les signes diversement orientés que constituent les lettres et les sons auxquelles elles correspondent. Ils auront donc de grandes difficultés à mettre ces sons en relation avec les mots concernés et les significations diverses que ces derniers peuvent exprimer.

— L'accès au sens des mots. Si un enfant déchiffre l'écrit mais ne le comprend pas ou mal, c'est peut-être parce qu'il a des problèmes de vocabulaire ou de compréhension des structures de phrases (syntaxe).

— La capacité à se repérer dans le temps et dans l'espace. Quand on parle, on est dans le domaine de l'auditif qui se déroule de façon temporelle. Le message sonore est un flux acoustique qui s'écoule à un rythme plus ou moins rapide sans possibilité de retour en arrière : ce qui est dit est dit, on ne peut pas le corriger, tout au plus le reformuler… plus tard. Quand on écrit ou lorsqu'on lit, on doit produire ou repérer des éléments organisés dans l'espace. On est dans du spatial organisé de gauche à droite (pour le langage français). Pour résumer :

Auditif = Temporel
Visuel = Spatial

Le temporel concerne le domaine du son et de l'audition alors que le spatial est capté et organisé par la vision. Pour lire et comprendre, il faut faire coïncider le temps et l'espace. Tandis que le langage oral se donne à entendre, le langage écrit se donne à voir. Pour comprendre ce dernier, il faut apprendre une structure, un code, des règles et des lois.

L'évaluation permettra également de voir si l'enfant possède les atouts suffisants pour apprendre, à savoir :

— un environnement adéquat ;
— une motivation personnelle ;
— une maturité neurologique ;
— une sécurité affective.

L'évaluation d'un enfant dyslexique doit permettre de retracer l'historique du trouble. Pour mieux comprendre le fonctionnement de l'enfant et les difficultés repérées par ses parents, l'orthophoniste posera des questions sur la naissance de l'enfant, sa place dans la fratrie, sa première année de vie (sommeil, alimentation), la date d'acquisition de la marche et de l'apparition des premiers mots, des premières phrases. L'orthophoniste s'intéressera également aux stratégies de communication et au développement de l'enfant en dehors du cercle familial. A-t-il fréquenté la crèche, la halte-garderie ? À quel âge a-t-il été scolarisé ? Comment était-il décrit par les personnes qui s'occupaient de lui ? Quels étaient ses moyens de communication privilégiés ? Comment se faisait-il comprendre ? Les parents seront également amenés à évoquer divers événements marquants :

les modifications dans l'entourage familial (deuil, divorce, séparation), les changements de lieu de vie (les déménagements avec leur cortège de réadaptations nécessaires, nouvelles écoles, nouveaux amis…), les divers problèmes médicaux et leur date de survenue (des otites banales aux hospitalisations…). Ils seront invités à préciser la date d'apparition des troubles.

Il s'agira également de déterminer des causes extérieures au trouble : l'orthophoniste cherchera à savoir si l'enfant a présenté des troubles sensoriels, moteurs, intellectuels, neurologiques, psychologiques, si sa scolarité a été adaptée.

Enfin, l'orthophoniste réalisera un examen le plus complet possible du langage oral et écrit (*cf. question 70*). Le bilan orthophonique de la pathologie du langage oral et/ou écrit doit comporter d'après les recommandations de l'Agence nationale d'accréditation et d'évaluation en santé (ANAES) :

1) Un inventaire des compétences dites de surface : niveau de lecture et d'orthographe en fonction de tests qui permettront de quantifier le nombre d'erreurs (inversion, omission, confusion, ajout…), de mesurer la vitesse de lecture, d'évaluer la compréhension de la lecture (*cf. question 71*).

2) Une analyse des compétences sous-jacentes :
— perception visuelle et auditive ;
— langage oral ;
— organisation spatio-temporelle ;
— motricité et praxie (coordination) ;
— connaissance métalinguistique : compréhension du fonctionnement du langage, de la signification d'un son, d'une lettre, d'un mot, d'une phrase.

3) Une évaluation du savoir-faire : stratégies de compensation, présence ou absence d'autocorrection ou d'adaptation utilisée par l'enfant.

À l'occasion du bilan orthophonique,
nous recommandons aux parents :

– d'être les plus détendus possible : il ne s'agit pas d'un examen de passage, l'orthophoniste cherche à comprendre et ne juge pas ;
– de donner le maximum d'information en essayant de préciser vos observations et vos interrogations ;
– d'expliquer à l'enfant la raison de cette évaluation ;
– de le laisser prendre la parole ;
– d'apporter les documents à votre disposition : carnet de santé, bilans précédents, éventuellement le livret scolaire (pour plus d'informations immédiatement utilisables, le cahier de textes sera très révélateur, mais veillez à avoir l'accord de l'enfant pour le montrer) ;
– de commencer à constituer un dossier comprenant tous les éléments en rapport avec le trouble de votre enfant (ce dossier pourra être utile pour la suite de la prise en charge et des projets éducatifs).

---

20 - Qui peut diagnostiquer ou évaluer la dyslexie ?

Les bilans permettant de diagnostiquer ou d'évaluer la dyslexie peuvent être faits en ville auprès de professionnels de santé choisis par les parents avec leur pédiatre (*cf. question 18*). Ce dernier les adressera vers divers spécialistes constitués en réseau : médecin généraliste, pédiatre, ORL, ophtalmologiste, orthophoniste, psychologue, psychomotricien. Le diagnostic sera réalisé soit par l'orthophoniste directement à l'issue du bilan, soit par le médecin après la réalisation de tous les examens et l'analyse de leurs résultats (*cf. question 12*).

Les parents peuvent également s'adresser à des centres référents hospitaliers. Il en existe 16, répartis sur tout le territoire français (leurs adresses sont disponibles sur www.cfes.sante.fr). Ces services sont très chargés, et il faut parfois attendre 4 à 6 mois pour obtenir un rendez-vous. Les diverses évaluations peuvent alors se dérouler dans un seul lieu, mais il faudra se rendre à l'hôpital plusieurs jours de suite (le plus souvent 5 jours).

Quelle que soit la solution choisie, l'essentiel est de comprendre la nature des difficultés présentées par l'enfant, et d'obtenir la coopération des divers professionnels afin que les échanges d'information et l'élaboration des projets de soins se fassent de la façon la plus adaptée possible à ses besoins.

21 - D'où la dyslexie de mon enfant vient-elle ?

Cette vaste question demeure actuellement sans réponse. La dyslexie est un phénomène complexe, et la question de son origine soulève des controverses virulentes au sein des groupes de professionnels, de parents et de chercheurs. Certains militent pour une origine affective (*cf. question 59*), d'autres avancent une explication biologique (*cf. question 45*). Si l'imagerie fonctionnelle cérébrale permet de dévoiler certains mécanismes cérébraux (*cf. question 46*), la complexité du trouble et sa variabilité selon chaque cas (dite variabilité interindividuelle) montrent l'impossibilité de réduire l'origine de la dyslexie à une seule cause. De plus, l'extrême plasticité cérébrale oblige à prendre en compte les interactions avec l'environnement.

Il existe différents courants de pensée : d'un côté, ceux qui recherchent des causes de la dyslexie dans les méthodes d'apprentissage de la lecture – et notamment la méthode globale –, d'un autre côté, les adeptes du tout génétique ; sans oublier les courants psychanalytiques, qui recherchent des causes psychologiques au trouble du langage écrit. Aucune de ces approches n'est totalement fausse ni totalement vraie, chaque courant détient une part de vérité et une part d'erreur. Mais toutes reconnaissent la complexité du trouble, son authenticité et la nécessité de fournir les aides appropriées.

Les parents doivent demeurer conscients qu'il s'agit d'un trouble structurel dont ils ne sont pas responsables, qu'il existe des actions à entreprendre, que des solutions sont possibles et que tout sera fait pour les aider et proposer à leur enfant les solutions adéquates.

22 - Comment agir après le diagnostic ?

Une fois que l'on sait, plus question d'attendre. Un nouveau parcours du combattant débute pour trouver un orthophoniste disponible. C'est une tâche rude pour les parents, car le nombre d'orthophonistes est insuffisant sur le territoire français et, dans certaines régions, les listes d'attente de prise en charge correspondent à plusieurs mois de délai. Il faut ensuite trouver des horaires compatibles avec une organisation souvent complexe et chargée entre l'école, le centre aéré, le cours du judo, le travail des parents… Cependant, les parents sont unanimes pour dire que le diagnostic change radicalement le regard sur l'enfant. « On a compris qu'il ne faisait pas exprès. » « On se prend moins la tête avec le travail d'école… »

Parfois, il faudra associer orthophonie et psychomotricité. La psychomotricité, par une approche spécifique non centrée sur le langage et non pédagogique, permet au jeune dyslexique maladroit, mal latéralisé, mal à l'aise dans son corps, se repérant avec difficultés dans l'espace… de développer sa conscience corporelle, son orientation dans l'espace et sa motricité fine. Il pourra ainsi améliorer son écriture et accroître sa confiance en lui-même. Dans d'autres cas, l'enfant ayant perdu confiance en lui et ne parvenant plus à faire éclore son désir d'apprendre, la prise en charge orthophonique devra être précédée d'une thérapie psychologique.

Les différents professionnels n'ayant pas les mêmes statuts, les modalités de prise en charge ne seront pas identiques. Les actions des psychologues seront parfois situées essentiellement dans le domaine de l'évaluation. Elles ne sont pas, à ce jour, remboursées par la Sécurité sociale dans le cadre d'une prestation en privé. En revanche, elles sont prises en compte dans le prix de journée si l'évaluation et le suivi sont réalisés dans le cadre d'un Centre médico-psycho-pédagogique (CMPP). Il en va de même pour les rééducations de psychomotricité, qui ne sont habituellement pas remboursées par les caisses d'assurance maladie.

Quels que soient la nature et le nombre de prises en charge spécialisées recommandées pour aider le jeune dyslexique, les parents seront amenés à réorganiser leur agenda. Ils devront en effet libérer du temps pour accompagner et suivre leur enfant.

Le cas de L. : un véritable travail de réseau

La maman de L. consulte une orthophoniste une première fois lorsque sa fille est en grande section de maternelle. En effet, L. présente des difficultés d'attention, notamment quand elle tente d'évoquer un récit : « elle perd le fil de l'histoire ». Le bilan orthophonique réalisé alors montre que l'enfant possède des compétences verbales (prononciation, vocabulaire, structures de phrase) en rapport avec son âge. De plus, ses résultats à la batterie prédictive d'Inizan (un ensemble d'items permettant d'évaluer les compétences visuelles, spatiales, verbales, mnésiques et rythmiques à l'acquisition de la lecture) révèlent de bonnes compétences dans ces divers domaines. Une seule épreuve est ratée, et montre une difficulté à traiter la séquentialité (l'organisation des successions visuelles et auditives). Le résultat global du test confirme une prédiction favorable à l'apprentissage de la lecture. Une prise en charge orthophonique n'est donc pas indiquée. Cependant, une fragilité, visiblement en rapport avec un deuil familial récent, pousse à recommander une consultation psychologique. Pendant tout le CP, L. est suivie par une psychologue. Elle consulte à nouveau en orthophonie à la demande de l'enseignante de CE2 qui a repéré des inversions et des confusions entre /f/ et /v/, /ch/ et /j/ et des inversions dans les groupes en /r/. La nouvelle évaluation orthophonique révèle un bon niveau de lecture d'après le test LMC (cf. question 71), mais avec de nombreuses erreurs dans la transcription. Le langage oral est réduit sur le plan de l'intelligibilité en raison de baisses d'intensité de la voix et d'imprécisions articulatoires. L. écrit « maisson », « frouchaitte », « gronouille », « œille »… Son graphisme est heurté, avec une tenue du stylo avec trois doigts et une posture très tendue. L'évaluation orthophonique indique la nécessité de réaliser un bilan complet, car aucun diagnostic précis ne peut être porté mais il paraît évident que L. doit être aidée. L'évaluation met en évidence les bonnes capacités cognitives de l'enfant, qui devraient lui permettre de réaliser de bonnes études (QI de 112). Des zones de fragilité sont cependant révélées, notamment une difficulté à gérer l'espace et le temps. Une prise en charge en psychomotricité est donc amorcée, au rythme d'une séance hebdomadaire au cours de laquelle elle expérimente l'organisation de ses perceptions des repères spatiaux (diagonale, verticale, horizontale, réversibilité…). Avec l'aide de la psychomotricienne, elle trouve une posture adaptée pour écrire, améliore sa tenue du crayon et réduit ses crispations. Elle acquiert alors une plus grande maîtrise gestuelle. Ce travail psychomoteur entamé au cours du deuxième trimestre est, pendant le troisième trimestre du CE2, combiné avec une rééducation orthophonique hebdomadaire. Au cours du premier trimestre du CM1, L. poursuit uniquement la rééducation orthophonique.

Ainsi, cette enfant et sa famille ont connu trois salles d'attente (!) et trois types de prise en charge. Toutes concourent à permettre à l'enfant de réaliser au mieux ses apprentissages fondamentaux et de s'épanouir. Des parents vigilants, une enseignante attentive et des aides appropriées rapidement mises en place ont permis à L. d'éviter l'échec scolaire et le découragement.

23 - Comment en parler sans stigmatiser son enfant ?

Le diagnostic de dyslexie, accompagné de l'évaluation du QI, soulage généralement l'enfant. Ses difficultés portent un nom, elles existent et ne sont pas une illusion de son esprit ou une « faute » mais un ensemble de particularités qu'il partage avec d'autres… C'est d'ailleurs le moment de lui parler des dyslexiques célèbres (*cf. question 115*) !

Ses résultats aux tests de performance le rassurent sur ses capacités intellectuelles. On peut donc lui expliquer qu'il est tout à fait intelligent, mais que sa façon d'apprendre est particulière. Lorsqu'il lit ou écrit, le parcours qu'il utilise est plus complexe que celui de la plupart des gens. Cela lui prend donc plus de temps et provoque des erreurs qui sont gênantes pour lui et pour celui qui doit le lire. C'est d'autant plus regrettable qu'il a souvent des idées originales et intéressantes...

24 - Existe-t-il différentes approches et méthodes de traitement de la dyslexie ?

Oui : les causes et les manifestations de la dyslexie étant multiples, il s'agit de proposer les aides les plus utiles dans chaque cas. Ainsi, lorsque le trouble porte majoritairement sur le versant auditif, il faudra proposer un travail spécifique sur la capacité à se représenter les sons (conscience phonologique). S'il s'agit de difficultés de l'attention et de difficultés visuelles de reconnaissance des mots, il faudra travailler l'organisation visuelle. Les troubles étant souvent mixtes (*cf. question 68*), on aura tout intérêt à travailler les deux domaines parallèlement. Souvent, l'enfant présente en outre une certaine agitation motrice en rapport avec une sensation de mal-être et avec des troubles de la latéralité ou de l'orientation. Il sera alors souhaitable d'entreprendre, avant le travail orthophonique, une rééducation psychomotrice lui permettant de construire des repères et de développer ses compétences (*cf. question 22*). Enfin, lors des diagnostics tardifs, la souffrance et le découragement du jeune sont tels qu'aucune approche rééducative ne peut être proposée avant qu'il ne retrouve le désir d'apprendre avec l'aide d'une prise en charge psychologique.

25 - Quelle est la durée d'une prise en charge thérapeutique de la dyslexie ?

Un problème émerge rapidement dans le traitement de la dyslexie. Il concerne le côté tenace et résistant du trouble. Les difficultés ne vont malheureusement pas exister simplement en début de CP. Le découragement parental est fréquent face à la persistance du trouble et au peu d'évolution des résultats scolaires. L'enquête française réalisée en 2000 auprès de 714 enfants dyslexiques révèle que la prise en charge débute dès le CP et se poursuit pendant toute la scolarité car la dyslexie est une difficulté durable d'apprentissage du langage écrit.

L'Agence nationale d'accréditation et d'évaluation en santé (ANAES) précise que « la rééducation orthophonique des troubles spécifiques de l'acquisition du langage écrit est un traitement adaptatif et non curatif. La prise en charge sera durable (plusieurs années, généralement pendant tout le cycle primaire, souvent au-delà) et variera en fonction des besoins scolaires et des motivations individuelles. Il est difficile de définir la durée du traitement. Les critères d'arrêt du traitement sont fonction des résultats des bilans d'évolution ».

Les discussions, via Internet, sur les chat ou les diverses listes consacrés au sujet peuvent soutenir et aider les parents. Elles permettent un partage des connaissances et des expériences, de même que les journées de formation organisées par les associations. Les rythmes d'évolution peuvent parfois sembler trop lents mais ne doivent pas décourager les

parents. Il s'agit avant tout pour eux de garder
confiance en eux et en leur enfant. Même si le traitement est long, il est évolutif et adaptable. Surtout,
il est libérateur.

26 - Comment accompagner l'enfant dyslexique et participer à son traitement ? Que peut-on faire à la maison ?

Une fois la dyslexie repérée et identifiée, les
parents souhaitent souvent participer activement au
traitement et faire quelque chose à la maison pour
aider leur enfant. Ils se posent des questions sur des
aménagements concrets à mettre en place. Même
s'il n'existe pas de réponse identique – chaque
enfant dyslexique est différent –, on peut dégager
plusieurs axes – les trois « A » – dans les aides à
proposer au quotidien : Accepter la réalité du problème. Adapter l'environnement. Aider à tous les
niveaux.

1 - Accepter la dyslexie, c'est reconnaître la réalité du problème et comprendre que, dès qu'il s'agit
de lire ou d'écrire, l'enfant :

• se fatigue vite,
• a besoin de plus de temps qu'un autre en raison de sa lenteur,
• ne peut soutenir son attention longtemps,
• a du mal à se concentrer,
• peut s'agiter et se montrer hyperactif.

2 - Adapter l'environnement, c'est faciliter son
travail quotidien par quelques mesures simples :

• s'assurer que la consigne a été comprise,
• corriger son cahier de textes,

• éviter de lui donner des textes manuscrits,

• lui demander une présentation soignée,

• réduire les stimulations de l'environnement ou savoir capter son attention,

• établir des objectifs et des « contrats » (par exemple : porter attention aux accords de verbe, écrire trois lignes…).

3 - Aider l'enfant, c'est notamment :

L'aider affectivement

• en gardant confiance,

• en positivant et en lui montrant ses progrès,

• en ne s'énervant pas, en tentant de le comprendre et de se mettre à sa place,

• en veillant à son épanouissement,

• en l'aidant à trouver des domaines d'excellence en dehors de l'école,

• en lui expliquant sa différence et en lui apprenant à vivre et à réussir avec elle.

L'aider à lire en proposant de

• continuer à lui lire des livres,

• faire de la lecture à deux,

• choisir des livres adaptés à ses centres d'intérêt,

• l'abonner à des journaux d'information,

• lui demander de rechercher ses émissions favorites sur un programme.

L'aider à utiliser sa mémoire et à mettre en place des compensations, par exemple

• lui demander d'épeler les mots,

• le laisser écrire à l'ordinateur et utiliser cet outil le plus souvent possible,

• se représenter l'information de façon multisensorielle : écrite, auditive, contextuelle,

• maintenir et relancer son attention.

27 - Que dire aux enseignants ?

Cette question est délicate, et la réponse ne peut être que personnelle et conjoncturelle, car elle dépend de la relation entre la famille et l'école.

Certains parents ne souhaitent pas qu'on mette une étiquette sur leur enfant. Ils craignent que celui-ci ne soit isolé par le repérage de ses troubles spécifiques. D'autres sont surpris des réactions du corps enseignant, qui peut contester le diagnostic et considérer l'enfant comme paresseux, voire déficitaire. Il arrive également que certaines familles soient reconnaissantes au milieu pédagogique de les avoir conseillées et aidées pour pratiquer les évaluations et démarches diverses ayant permis le diagnostic…

Quel que soit le choix personnel des parents, la complémentarité des actions est nécessaire pour établir une bonne cohérence autour de l'enfant. Comme celui-ci change d'enseignant chaque année, ce sont souvent les familles qui regroupent les documents sur la dyslexie et les fournissent, chaque début d'année, au nouveau pédagogue. Et ces documents doivent encore se multiplier quand l'enfant passe en secondaire. Attention cependant, le terrain est glissant ! Le manque de formation des enseignants dans ce domaine ne leur permet pas toujours d'être au fait de la question. Il convient donc de se situer dans une attitude de partage, d'ouverture et d'écoute. Rien ne doit être imposé par les parents, mais ils peuvent demander, informer, exprimer des interrogations, proposer de rechercher ensemble des solutions adaptées aux diverses situations que vit leur enfant.

Si le trouble est reconnu, l'enfant aura droit à des mesures spécifiques : un tiers de temps supplémentaire et une possibilité d'assistance (en la personne d'un secrétaire) aux examens, parfois mise en place d'aménagements pédagogiques et de projet individualisé (*cf. questions 110 et 111*). À ce jour, l'application de ces mesures n'est pas la même sur l'ensemble du territoire français car elle dépend des Commissions départementales d'éducation spéciale (CDES). Pour déposer une demande, un dossier complet doit être fourni, comprenant certificats médicaux et orthophoniques. Il faut également remplir un dossier d'allocation d'éducation spécialisée que l'on demande à la caisse d'allocations familiales (cf. site www.motamot.surinternet.net).

28 - Y a-t-il d'autres enfants dyslexiques dans sa classe ?

Les derniers rapports français, émanant des ministères de l'Éducation, de la Santé et des Handicapés, considèrent que 4 à 5 % des enfants d'une classe d'âge présentent des troubles spécifiques du langage. Sachant qu'une classe d'âge est constituée globalement de 700 000 à 750 000 élèves, on considère que 30 000 enfants sont atteints de troubles de la lecture, 6 000 d'entre eux présentant des formes sévères.

29 - Quel peut être le cursus scolaire d'un enfant dyslexique ?

Il n'existe pas un parcours type de l'enfant dyslexique. Cependant, on note qu'en général un redoublement n'apporte pas la solution à ses problèmes. Le plus souvent, les difficultés apparaissent en CP ou CE1, mais elles peuvent rester masquées plus longtemps. Les parents d'adolescents dyslexiques évoquent souvent le parcours du combattant qu'ils ont effectué pour accompagner leur enfant tout au long de sa scolarité. La mère d'une enfant dyslexique raconte son combat pour scolariser sa fille.

Le cas de Marion, raconté par sa mère

« Marion était en maternelle depuis à peine 3 mois quand la directrice m'a convoquée : ma fille était rêveuse, ne s'intéressait pas à la classe... À la maison je n'avais rien remarqué. Ensuite, j'ai bêtement refusé qu'elle reste un an de plus en maternelle, je pensais qu'elle pourrait redoubler son CP si besoin. Deux mois après la rentrée, on m'a annoncé que l'année était terminée pour elle. Marion ne saurait pas lire à Noël comme les autres, mais la maîtresse n'avait pas le temps de s'occuper d'elle ! J'étais en colère mais, prise d'un doute, j'ai consulté un psychiatre. Il m'a assuré que ma fille avait les capacités, mais qu'elle n'était pas dans le moule. Ça m'a fait un bien fou, même s'il n'avait aucune suggestion à me faire. Ensuite, elle a changé d'école plusieurs fois, des troubles du comportement sont apparus. En 6e d'adaptation, c'était horrible, elle rentrait épuisée, et elle était devenue complètement dépressive.

Un autre psy m'a parlé pour la première fois de dyslexie, mais il m'a reproché violemment de ne pas avoir consulté plus tôt. Un autre m'a dit qu'elle avait un QI très faible. J'ai fini par consulter un grand spécialiste, en Belgique, qui m'a conseillé de la scolariser dans un collège normal en supprimant des matières. Mais j'ai continué à me heurter à des murs, et j'ai même envisagé d'attaquer l'État. Finalement, après un passage à l'émission Envoyé Spécial, j'ai obtenu de l'inspection académique que Marion bénéficie d'un contrat d'intégration scolaire. Aujourd'hui, elle a 15 ans et elle est en 6e. Certains cours sont remplacés par des séances d'orthophonie. »

Même si l'histoire de Marion ne peut être généralisée, elle est révélatrice de la difficulté d'assurer un parcours scolaire cohérent à certains enfants dyslexiques. Les changements d'établissement et les redoublements sont fréquents, sans être pour autant efficaces. Le partage des diverses expériences des parents permet parfois d'établir un « best of » des établissements de la région…

30 - Est-il normal de ressentir du désarroi, de la colère ? Comment les associations peuvent-elles aider les parents ?

Face à la reconnaissance tardive des difficultés spécifiques de leurs enfants et à la pauvreté des aides proposées, les parents passent souvent du désarroi et de la solitude à une attitude de revendication et de colère. Ces sentiments négatifs sont à la mesure de la souffrance qu'ils éprouvent quotidiennement face au regard des autres, de l'incompréhension et du manque de structures d'accueil spécifiques. Cependant, leur action, indispensable, a permis de faire considérablement avancer les choses. C'est en grande partie grâce à leurs demandes réitérées, qu'elles aient été faites sous forme individuelle ou associative, que les propositions de plan en faveur des enfants à besoin spécifique ont vu le jour (*cf. questions 110 et 111*).

Les associations permettent des échanges et un partage des aménagements et astuces que les uns et les autres trouvent au quotidien pour aider leur enfant et faire bouger les mentalités des milieux médicaux, scolaires ou sociaux, pour que la détresse qu'ils ont connue n'arrive pas aux autres.

III

Être dyslexique

31 - Peut-on oublier que l'on a été dyslexique ?

Rania : j'ai été dyslexique, moi, quelle bonne blague !

L'histoire de Rania est celle d'une petite fille de 7 ans, troisième enfant d'une fratrie de 6, qui associait une dyslexie à une dysphasie (*cf. question 4*). La découverte de ses difficultés spécifiques est liée à la présence d'otites récidivantes ayant fait craindre l'installation d'une perte auditive tenace. Au cours d'une évaluation audiophonologique complète pratiquée à 5 ans par un médecin ORL, une suspicion de trouble spécifique du langage est évoquée en raison de signes caractéristiques dans le langage de l'enfant. Un bilan orthophonique complet est demandé. Celui-ci révèle un niveau de vocabulaire (lexique) inférieur à l'âge, une prononciation imprécise (trouble du système phonologique) et des troubles de la construction des phrases (organisation morpho-syntaxique) alors que la compréhension du langage est tout à fait dans les normes. Une prise en charge orthophonique est donc proposée afin de permettre d'harmoniser les niveaux de réception et de compréhension du langage.

La rééducation s'avère difficile car le trouble est spécifique, et, devant le peu d'évolution, le diagnostic de dysphasie est posé. Pour faciliter la prononciation des sons de parole (ancrages phonologiques), un apprentissage de l'écrit débute en rééducation alors que Rania se trouve en grande section de maternelle. Le début du CP n'est donc pas trop difficile pour elle, mais rapidement l'ampleur des troubles spécifiques du langage rend complexe les tâches de lecture.

Il faut mettre en place des stratégies d'apprentissage avec des supports gestuels afin de favoriser les repères entre les sons et les lettres. La méthode Borel Maisonny (*cf. question 69*) est utilisée. Cette méthode propose pour chaque lettre un geste spécifique en rapport avec une caractéristique de la lettre. Le geste a été choisi par l'auteur de cette méthode pour faciliter les liens entre les sons et les lettres. Ainsi, pour le A la main est grande ouverte comme la bouche quand elle réalise l'articulation de ce phonème, pour le M les trois doigts touchant la table figurent les trois ponts de la lettre. C'est avec plaisir que Rania s'empare de cette méthode pour distinguer les sons proches et réaliser la fusion des consonnes et des voyelles. Cela lui permet d'aborder toutes les syllabes, de comprendre et maîtriser aisément les lettres aux doubles valeurs comme c et g. La lecture est rapidement acquise, mais les troubles du langage entravent une acquisition fluide du déchiffrage. En effet, l'insuffisance de son stock lexical l'oblige à s'arrêter sur des mots peu fréquents dont elle ne connaît pas vraiment le sens.

Il faut donc pratiquer des séances d'orthophonie portant sur le développement de son vocabulaire et sa structuration en catégories (réseaux sémantiques) et en regroupements sonores (réseaux phonologiques). Les exercices d'évocation d'images utilisés pour développer son lexique lui permettent d'accéder à des éléments de syntaxe : « C'est la… (laine) du… (mouton). » Puis, l'orthophoniste tente de créer avec elle des histoires imaginaires pour encourager sa créativité (par exemple le récit de la journée d'un mouton qui tente d'apprendre à lire sur la planète Mars). Un travail de précisions phonologiques est également développé par le recours à l'ordinateur, avec un logiciel de visualisation qui lui permet de maîtriser la qualité de ses productions en même temps qu'elle acquiert leur représentation écrite.

Il est également nécessaire de travailler avec Rania les repérages dans l'espace et le temps afin de l'aider à mieux s'orienter. Son orthophoniste et elle travaillent donc sur le positionnement dans l'espace de tous les objets présents dans la pièce, puis sur la représentation de sa chambre, de sa classe et des divers lieux qu'elle connaît bien. Les trajets de l'école font l'objet d'un travail de représentation spécifique, de même que le repérage des jours de la semaine, des différents moments de la journée (matin, après-midi, soir). Rania est très active dans cette prise en charge. Rassurée par une relation de nouveau valorisante pour elle, reconnue dans la réalité de ses difficultés, elle se risque à poser des questions, essayer des tournures de phrases, créer des écrits, mémoriser, structurer ses connaissances.

Elle apprend à lire en une année avec une approche syllabique.

Rania est suivie en orthophonie pendant 5 ans, de la grande section de maternelle à la fin du CM1. L'évolution positive et les résultats satisfaisants permettent d'arrêter la rééducation. Actuellement, elle est en 4e, et le bilan orthophonique annuel permet de vérifier que tout va bien.

C'est à ce moment-là qu'interrogée sur ses difficultés antérieures, elle ne se souvient pas d'avoir été dysphasique et dyslexique. Elle se rappelle qu'elle adorait venir en rééducation et s'étonne d'avoir eu du mal à apprendre alors qu'elle est devenue bonne élève et qu'elle envisage son avenir avec confiance. Cependant, on peut observer qu'elle prend peu la parole et montre un soin extrême quand elle utilise le langage écrit. Elle est devenue une dévoreuse d'écrits et lit deux livres par semaine.

32 - Peut-on suivre une scolarité normale en étant dyslexique ?

Étienne, le dyslexique qui ne voulait pas le savoir

Âgé de 11 ans, Étienne est un petit garçon toujours plongé dans des livres… qu'il ne lit pas ! Quand il arrive en CM1, il a déjà été suivi par deux orthophonistes. En effet, son père et son frère étant dyslexiques, les difficultés spécifiques d'Étienne ont été repérées et prises en charge dès le CP.

Quand Étienne a débuté sa scolarité élémentaire, il a appris à lire par une méthode syllabique et l'importance des confusions, inversions et autres, a aussitôt alerté ses parents. Alors que l'école ne signalait aucune difficulté spécifique, ils ont consulté une orthophoniste. Le diagnostic de dyslexie sévère a été porté rapidement et la prise en charge rééducative a immédiatement commencé. Au cours de l'évaluation initiale, un bilan psychologique complet a mis en évidence les excellentes capacités intellectuelles d'Étienne. Ni lui ni ses parents n'ont donc imaginé un seul instant qu'il était « dyslexique parce que bête ». Cependant, une prise en charge psychologique a été rapidement entamée en raison du découragement d'Étienne face à l'importance de ses difficultés. Par ailleurs, une myopie doublée d'un astigmatisme ayant été diagnostiquée, il porte désormais des lunettes.

On apprend au cours de l'anamnèse (historique de ses troubles), réalisée lors du bilan complet, que son démarrage dans la vie a été un peu perturbé dans les premiers jours avec une nécessité de transfusion pour hémorragie. Tout est rentré dans l'ordre rapidement. Étienne était un bébé calme, très éveillé, plutôt dégourdi, qui a marché à 14 mois et parlé sans retard. Il s'est bien adapté à la scolarité. Cependant, en moyenne section, on a signalé une brève période d'agitation dont les causes n'ont pas été identifiées. La fin de sa scolarité en maternelle s'est déroulée sans incident ni remarques sur des difficultés d'apprentissage ou de langage.

Le bilan orthophonique confirme le comportement positif d'Étienne qui, pendant tout l'examen de son langage oral et écrit, se révèle timide au cours des diverses tâches de lecture et d'écriture mais très coopérant, stable et bien présent dans la passation des divers tests. Ceux-ci mettent en évidence un retard de deux ans en lecture avec des difficultés majeures dans les capacités d'analyse des successions de lettres. Ainsi « trop » est lu « pro », « est puni », « epui », « dont », « donne ». De plus, Étienne ne peut réaliser aucun déchiffrage de successions de syllabes (épreuve de lecture des non-mots). La production d'écrit est également très décalée, les transcodages grapho-phonologiques n'étant pas acquis : « chien » est écrit « chein », « l'oiseau », « leisou », « canard », « canre », « bouteille », « boutege », « grenouille », « grenouge »… Son audition est bonne, et il ne présente aucun trouble de la mémoire auditive. Son graphisme est tendu et heurté, Étienne bloque le pouce. Son langage oral est de bonne qualité, tant au niveau de la réception que de l'expression. La conclusion du bilan est qu'Étienne présente une dyslexie sévère mixte associée à une dysorthographie majeure.

Son frère aîné est venu à bout de sa dyslexie en 90 séances, mais ses parents ont conscience que les troubles dont Étienne souffre sont bien plus massifs. Ils tentent donc de garder courage devant la lenteur de l'évolution.

Effectivement, il faut poursuivre longuement la rééducation orthophonique. Le travail porte spécifiquement sur les rapports entre les sons et les lettres. Précédemment, un travail focalisé sur le découpage syllabique avait bien aidé Étienne, qui continue à scander les syllabes avant d'écrire un mot. Le travail sur la voie d'assemblage (*cf. question 65*) a permis à Étienne de venir à bout de ses confusions phonologiques. Le deuxième axe de travail concerne la voie d'adressage (*cf. question 65*) et comporte des exercices de lecture flash, d'épellation, de recours à l'ordinateur…

Les progrès sont lents, laborieux, et apparaissent essentiellement en rééducation ou à la maison en situation individuelle. Cependant, ses résultats scolaires sont corrects car les enseignants prennent en compte sa dyslexie/dysorthographie dans les notations. Étienne termine donc sa scolarité élémentaire sans redoublement.

Le bilan psychologique avait mis en évidence de très bonnes capacités intellectuelles, homogènes dans le domaine verbal et non verbal, permettant d'envisager la poursuite d'un enseignement général. Ce bilan soulignait également une certaine dépendance à l'adulte dans la démarche de réflexion. Étienne avait tendance à négliger le déclenchement de procédure de vérification ou d'autocorrection. On veille donc en rééducation à déclencher ces mécanismes d'autocontrôle et à développer des stratégies automatiques d'autocorrection et des processus d'auto-apprentissage.

Que pense-t-il de ce parcours ? Étienne accepte ses deux séances hebdomadaires de rééducation orthophonique avec le sourire. Il est très présent, n'oublie jamais ses rendez-vous, et arrive souvent en avance. Mais il n'aime pas parler de sa dyslexie. Quand on lui demande ce qu'il en pense, il répond « bof, ça va ». Il avoue ne connaître aucun dyslexique, célèbre ou non, puis tout à coup parle du monsieur aux cheveux ébouriffés dont il ne se rappelle pas le nom (Albert Einstein). Il ne se plaint pas de la charge de travail qu'il assume ni de la durée de la réalisation des devoirs à la maison. Comme il n'a redoublé aucune classe, il ne voit pas de différence avec les autres enfants et pense que son parcours est banal, même s'il a plus de mal que ses camarades.

Quelle est sa situation d'élève ? Pour lui, il est comme les autres enfants de la classe sauf qu'il n'est « pas bon en dictée ». Il n'a jamais parlé de sa dyslexie avec ses copains. Cependant, quand il vient en orthophonie, il aime rencontrer d'autres jeunes dyslexiques et parfois demande des séances de groupe. Il est alors extrêmement attentif aux autres.

Quels sont ses projets d'avenir ? Pour l'instant, il ne voit pas le futur, qui lui semble très lointain et imprécis. Malgré ses difficultés et l'importance des efforts qu'il doit accomplir au quotidien, il veut poursuivre l'école.

Comment fait-il en classe pour prendre des notes ? Il tente d'écrire mais ses cahiers sont quasiment illisibles. Il faut donc les réécrire pour lui permettre d'étudier ses leçons sans apprendre de nouvelles fautes. Le recours à l'ordinateur est fréquent et, à la maison, il adore utiliser le correcteur d'orthographe. Son stock visuel de mots s'est considérablement enrichi avec l'utilisation de l'outil informatique. En revanche, ce sont souvent ses parents qui se chargent du secrétariat.

Et pour réaliser des dictées ? Grâce à un accord avec l'enseignant, il n'effectue que le début de la dictée.

Pour lire à haute voix ? Bien que n'aimant pas cette activité, il a expérimenté depuis peu une stratégie efficace : il penche le livre ou le texte à lire vers la droite jusqu'à ce qu'il soit pratiquement perpendiculaire, ce qui modifie le mouvement du regard et rend les lettres plus saillantes. Sans le savoir, Étienne réinvente une méthode développée dans les années 1980, la lecture verticale…

33 - La dyslexie est-elle un handicap ?

Maxime, le parcours chaotique du dyslexique

Maxime est un jeune homme de 14 ans au sourire triste, qui présente une dyslexie non compensée dont l'importance entrave son cursus scolaire. Il est le seul dyslexique de la famille ; son père pense avoir eu quelques difficultés au moment de l'apprentissage de la lecture, mais aucune prise en charge spécifique n'avait été nécessaire. Maxime est le deuxième enfant d'une fratrie de 3, et il n'a présenté aucun problème spécifique dans sa petite enfance. Il a marché à 1 an et a parlé sans retard ni difficulté particulière. Il a gardé peu de souvenirs de l'école maternelle. En revanche, il se rappelle ses difficultés d'apprentissage dès le CP. « J'avais des problèmes, c'était la lecture qui coinçait. » Il se souvient de son premier livre de lecture, où l'on parlait d'une certaine Magali, et pense avoir alors réussi à apprendre un mot : « c'est ».

Devant l'ampleur des difficultés de Maxime, une réorientation est suggérée par l'équipe pédagogique dès la fin de ce premier CP catastrophique. Il se retrouve dans un établissement spécialisé, à petit effectif, où l'on pratique la méthode phonétique et gestuelle de Mme Borel Maisonny (*cf. questions 31 et 69*). Une prise en charge orthophonique a lieu au sein même de l'établissement. Après ce redoublement de CP dans une structure spécialisée, Maxime s'oppose clairement à la poursuite de sa scolarité dans ce type d'établissement et ses parents entendent sa demande car il devient de plus en plus agité, malheureux et agressif...

Étant donné ses acquisitions scolaires, son ancien établissement l'accepte pour une entrée en CE1. Maxime retrouve avec plaisir la grande cour de récréation et poursuit une rééducation orthophonique bihebdomadaire en dehors de l'école. Il a changé d'orthophoniste et le travail rééducatif s'efforce de l'aider à développer sa mémoire visuelle afin d'acquérir un stock de mots d'usage. À chaque séance, Maxime observe, apprend et mémorise des mots qu'il réécrit la fois suivante. Son orthophoniste utilise également la technique Chassagny des associations. Dans cette approche, l'enfant et son thérapeute proposent successivement des mots, qui vont constituer une série, en fonction des associations libres qu'ils réalisent l'un et l'autre alternativement. Maxime progresse régulièrement et investit bien ce type d'approche. Il passe en CE2 avec des efforts constants et répétés car le recours à l'écrit devient très fréquent. Il est admis en CM1, mais se décourage totalement et un travail psychologique doit lui être proposé. La rééducation orthophonique se poursuit. Le bilan réalisé alors met en évidence d'excellentes compétences en langage oral et toujours des difficultés massives en lecture et production d'écrit. Il possède un stock lexical en rapport avec son âge. Ses prises de parole sont fluides avec des phrases bien construites. Il peut décrire, résumer, exposer des idées...

Malgré d'importants problèmes de lecture, il déclare aimer lire. Le test « Pour des prunes » révèle que, malgré un déchiffrage laborieux et une restitution émaillée d'erreurs morpho-syntaxiques, il accède au sens du texte et mémorise bien les divers éléments du récit.

Pour des prunes

Texte initial : Lors d'une expédition en Italie, des chevaliers français rapportèrent des pruniers qu'ils offrirent à la reine Claude, première femme de François Ier. Elle les fit planter dans son jardin et surveilla la culture de ces arbres exotiques. Ils donnèrent des fruits parfumés et savoureux qu'on appela « reines-claudes ». Souvent, ces fruits étaient volés pendant la nuit. Un pauvre étudiant, pris en flagrant délit, fut pendu en face des arbres dévalisés. Quelques jours après, un misérable vagabond tenta de dérober les diamants de la Couronne. Comme l'étudiant, il fut condamné à être pendu haut et court. Arrivé au pied du gibet, le voleur, cynique et gouailleur, regarda la dépouille de son futur voisin et dit à la foule : « Au moins, si je suis pendu, moi, ça n'est pas pour des prunes. »

Le mot était joli et il resta dans la langue.

Récit de Maxime : « C'est deux chevaliers qui ont trouvé des arbres qui avaient des prunes et qui l'ont ramené à la femme de François Ier. Ils en avaient pas avant en France. Un jeune étudiant les avait volé et il s'était fait pendre. Un vagabond qui s'est fait pendre parce qu'il volait les bijoux. Il s'est fait pendre après. »

L'écrit est testé par la dénomination écrite d'images, la réalisation d'une dictée et la production d'un texte libre. Quelle que soit la situation, l'écrit est marqué par une dysorthographie massive dans laquelle le côté mixte phonétique et visuel apparaît (*cf. questions 72 et 78*). La rééducation est donc poursuivie.

Lors du passage en secondaire, un changement d'orthophoniste est suggéré. On ajoute un recours à l'informatique et un travail sur le temporel (un programme inspiré des travaux de Paula Tallal, *cf. questions 54 et 82*). Ce type de travail ne peut être continué car Maxime le refuse. Une seconde évaluation psychologique est alors réalisée et met en évidence un côté défaitiste. Malgré une efficience intellectuelle normale avec une dissociation non significative entre le verbal et la performance, Maxime ne supporte plus les efforts constants qu'il doit accomplir. Une prise en charge psychologique est alors entamée. Ayant rencontré des problèmes de bagarre et d'opposition violente avec les autres élèves de l'école, il doit une nouvelle fois changer d'établissement. Il consulte de nouveau quelque temps plus tard, en classe de 4e, et souhaite reprendre un travail pour mieux écrire. Il a pour objectif d'améliorer son niveau d'orthographe afin de passer l'année suivante le brevet des collèges.

Maxime est très conscient de sa dyslexie, qu'il vit comme un véritable handicap l'empêchant d'apprendre. Souvent découragé, il est toujours à deux doigts d'interrompre sa scolarité, déprimé par l'ampleur des efforts qu'il doit accomplir pour accéder à la connaissance. Il se réfugie dans des activités physiques et est le champion de son quartier en planche à roulettes !

34 - Pourquoi faut-il parler de la dyslexie et la faire connaître ?

Patrick, le prix à payer pour vaincre la dyslexie

Patrick est âgé de 30 ans. Il parle avec tristesse de cette période où la dyslexie était confondue avec la débilité. Si on n'apprenait pas à lire et à écrire, c'était tout simplement parce qu'on était bête. Actuellement responsable d'une société d'aménagement d'appartements, après avoir effectué de nombreux « petits boulots » (moniteur au Club Med, agent de sécurité…), il présente encore des difficultés avec le langage écrit. Il demande qu'on l'aide à rédiger, s'arrange pour dicter son courrier et ses rapports, déteste lire en public. Il a repris une aide spécifique en groupe d'adultes dyslexiques mais n'a pas trouvé sa place : la plupart des autres personnes étaient quasiment illettrées et plus ou moins exclues du monde du travail. Il se souvient que ses parents ont tenté de l'aider quand sa dyslexie a été diagnostiquée, alors qu'il était âgé de 10 ans. Il évoque ses parents, qui l'ont d'abord emmené chez le médecin de famille. « Plus tard, dit-il, j'ai vu des orthophonistes et des psychologues, mais les progrès sont restés faibles. À l'entrée en section sport-études, les enseignants eux-mêmes n'ont pas compris quelles étaient les causes de mes difficultés en lecture et en écriture, qui se sont traduites par un échec au diplôme de sortie. » Il se souvient également de ses problèmes relationnels avec les autres. « J'étais bagarreur, j'envoyais mes cahiers à la figure des professeurs, c'était le seul moyen de m'exprimer et je ne me faisais pas beaucoup d'amis… Quant à mes parents, déjà inquiets dès l'école primaire, ils ont bien réagi en cherchant une autre école. »

Quand on rencontre Patrick, aujourd'hui à la tête de son entreprise, on ne soupçonne pas qu'il continue à faire des efforts considérables quand il doit lire, activité qu'il poursuit sans relâche car il ne veut pas perdre ses acquis et doit sans arrêt nourrir sa mémoire visuelle. Il organise des réunions ou diverses manifestations et s'en sort avec du bagout.

Patrick souhaite faire passer un message

> « Si j'avais un message à faire passer, il serait pour les profs. Il faudrait permettre à l'Éducation nationale de sensibiliser et de former tous ses enseignants aux troubles de la dyslexie. La France est très en retard dans ce domaine, même s'il existe des aides à l'écrit ou à l'oral et un tiers de temps de plus pour passer les examens. Je demanderais aussi la création de structures spécifiques, notamment pour les jeunes adultes dyslexiques. »

35 - Comment découvre-t-on sa dyslexie ?

C'est fréquemment au moment d'un bilan orthophonique ou lors d'examens réalisés dans des centres médicaux que les jeunes dyslexiques apprennent que leur problème porte un nom, qu'ils ne sont pas seuls dans cette situation et qu'il existe une possibilité de les aider.

Les parents craignent alors que cette appellation ne constitue un refuge, voire une raison de ne plus faire d'effort. Généralement, c'est l'inverse qui se produit. Le jeune, reconnu dans ses difficultés et surtout dans ses potentialités, décuple ses efforts si un contrat précis est proposé.

Parfois, c'est seulement à l'âge adulte que certains découvrent le nom de leur trouble. Les personnes concernées expriment alors une certaine colère face à leur entourage et au milieu pédagogique. Ils leur en veulent de n'avoir pas été informés ni soutenus. Ils sont anxieux pour leurs propres enfants.

36 - Comment vit-on le bilan de sa dyslexie ?

La plupart du temps, les évaluations, loin d'avoir été vécues comme des jugements ou des mises à l'épreuve, ont permis au contraire aux jeunes dyslexiques de mieux connaître la nature de leur difficulté. Le bilan est surtout l'occasion de découvrir l'étendue de ses possibilités (*cf. question 70*). Souvent, lorsque la thérapie orthophonique démarre, les dyslexiques souhaitent recommencer à faire des tests. Ils sont très curieux de connaître leurs résultats lors des évaluations de suivi et font eux-mêmes des commentaires, se fixent des objectifs en fonction des domaines travaillés et de leurs acquisitions.

37 - Comment est-on pris en charge sur le plan des troubles du langage écrit ?

Les témoignages présentés en début de chapitre (*cf. questions 31 à 34*) font état de prises en charge orthophoniques parfois associées à de la psychomotricité ou à un travail psychologique. Une enquête réalisée en France en l'an 2000 auprès de 714 enfants dyslexiques a révélé que dans 63 % des cas la prise en charge orthophonique était isolée et qu'elle était associée à des soins psychologiques dans 14 % des cas. 4 % des enfants étaient suivis en psychomotricité et 3 % en orthoptie. Enfin, dans 1,8 % des cas, les médecins avaient prescrit des médicaments (Ritaline®, antiépileptique...).

La psychomotricité permet à l'enfant de développer ses repères dans l'espace et le temps en fonction de son corps. Ces repères se rapportent à lui-même et non à un apprentissage extérieur, limité à la page, voire au minuscule interligne dans lequel il faut aligner, sans faute, des lettres qui s'enchevêtrent. Dans les cas où elle est indiquée et prescrite, la psychomotricité est souvent réalisée avant la rééducation orthophonique. Ainsi, Édouard découvre l'espace de la feuille par la réalisation de grandes peintures. Il apprécie de dessiner sur des grandes feuilles des traces de toutes formes et de toutes tailles selon son inspiration, il est surpris lui-même d'y retrouver un sens et de s'approcher des lettres.

La prise en charge psychologique est généralement associée lorsque le diagnostic est tardif et que l'enfant a développé des troubles du comportement. C'est souvent la faible estime de soi vécue par l'enfant dyslexique qui favorise l'apparition de sentiments dépressifs et d'insécurité, ainsi que d'anxiété. Tout ceci peut déclencher l'éclosion de manifestations d'opposition, d'agressivité, voire de conduites antisociales. Ainsi, Fabien, totalement découragé par ses résultats scolaires, veut renoncer à l'école et tout quitter pour s'orienter vers une formation en apprentissage. Le travail psychologique lui permet de retrouver de l'énergie et, après quelques mois, de cesser de sécher les cours.

La rééducation de la motricité oculaire (orthoptie) vise à rétablir des modes d'exploration propres à la lecture : poursuite visuelle d'une cible dans les axes horizontaux et verticaux, exercices de pointage et de suivi de lignes, exercices de séquentialité pour réguler la stratégie optique et permettre d'éviter les omissions de lettres, identification de symboles visuels propres au code écrit.

Les traitements médicamenteux sont proposés dans une petite minorité des cas et varient suivant les pays. Dans certaines régions nord-américaines, des enfants reçoivent des substituts d'amphétamines pour traiter des troubles de l'attention pendant un ou plusieurs trimestres de leur scolarité. Ces substances sont pratiquement interdites dans certaines régions d'Europe. D'autres traitements, visant à stimuler spécifiquement l'hémisphère gauche, ont conduit à proposer des substances dites « nootropes » (*cf. question 57*).

38 - Un suivi en psychothérapie est-il toujours nécessaire ?

Toutes les personnes pour lesquelles un diagnostic de dyslexie est posé sont reçues par des psychologues lors du bilan initial. Certaines entreprennent une prise en charge psychologique avant ou pendant la rééducation orthophonique. En effet, la frustration et la charge de travail sont telles que, souvent, le découragement menace. Allant parfois jusqu'à développer une véritable phobie de l'écrit, ou des comportements inhibant l'attention et la concentration, le dyslexique peut avoir besoin d'une aide extérieure dans laquelle il ne sera pas question de lire ou d'écrire. La prise en charge de l'enfant dyslexique est donc fréquemment multidisciplinaire. Elle permet tout autant d'aider l'enfant que ses parents qui peuvent, eux aussi, se décourager.

L'approche psychothérapeutique de l'enfant dyslexique et de sa famille veille avant tout à assurer son épanouissement global plutôt qu'à s'acharner à traiter, à enrayer à tout prix le dysfonctionnement responsable des troubles des apprentissages.

39 - Quelles peuvent être les stratégies de compensation développées en classe par le jeune dyslexique ?

La vie scolaire du jeune dyslexique est parfois constituée de grands moments d'ennui et de solitude pendant les cours. Certains vont même jusqu'à développer des attitudes corporelles et des regards qui font croire à leur présence alors que leur esprit s'envole loin des murs de la classe. Cependant, dès que la cloche signale le début de la récréation, ils peuvent se transformer en merveilleux gardiens de but que toutes les équipes de foot de l'école envient. Ce surinvestissement de la cour de récréation semble correspondre autant à un besoin de se défouler sur le plan physique que d'occuper une place reconnue dans le groupe des élèves. Il révèle bien le fort coefficient de sympathie de ces enfants créatifs, débrouillards et ouverts. Leurs difficultés d'apprentissage du langage écrit ne se retrouvent pas dans les autres apprentissages de la vie. On observe qu'ils se présentent souvent pour être délégués de classe et peuvent obtenir un fort coefficient de voix.

40 - Comment vit-on sa dyslexie au quotidien ?

Certains évitent toute activité se rapportant à l'écrit, utilisent majoritairement leur mémoire et surinvestissent les matières qui « marchent » comme les mathématiques…

D'autres s'acharnent à combattre leur dyslexie en devenant des lecteurs assidus. Pour cela, ils doivent atteindre une certaine efficacité ou fluidité en lecture, ce qui devient en général possible vers le CE2. D'autres encore deviennent des spécialistes d'un sujet précis, comme les dinosaures ou les insectes, et dévorent les encyclopédies et les pages web sur le sujet.

41 - Comment la pratique de l'écrit évolue-t-elle ?

Parmi les anciens jeunes dyslexiques, certains sont devenus de grands lecteurs pour alimenter sans cesse leur mémoire visuelle. D'autres évitent de lire et d'écrire mais développent des stratégies sociales pour s'informer et utilisent le recours au secrétariat ou aux lettres pré-enregistrées... Certains sont de véritables poètes et créent des textes, des poèmes d'une grande inventivité dès lors qu'on laisse de côté l'orthographe de leurs productions.

Les réponses individuelles au trouble du langage écrit font bien la preuve de la créativité de chacun et de la possibilité de trouver des ressources personnelles qui ne demandent qu'à s'épanouir, à condition de garder suffisamment confiance en soi.

42 - Comment envisager l'avenir ?

La plupart des jeunes dyslexiques ne semblent pas envisager leur avenir dans un bureau. Ils rêvent d'être chercheurs, aventuriers ou informaticiens pour inventer, créer... Paradoxalement, certains anciens dyslexiques sont devenus spécialistes de la question et se sont orientés vers des pratiques professionnelles en rapport avec la dyslexie : instituteur spécialisé, rééducateur (c'est le cas de C. Chassagny) ou concepteur d'école spécialisée pour dyslexiques comme Ronald Davies, qui est connu dans le monde entier. La dyslexie peut alors devenir source de succès.

IV

La dyslexie
sous le regard de la médecine

43 - Pourquoi est-ce la médecine qui s'est, la première, intéressée à la dyslexie ?

De tous temps, les êtres humains se sont préoccupés des rapports entre pensée et langage, mais ce sont les médecins neurologues qui, les premiers, purent dévoiler l'emplacement des zones cérébrales contrôlant le langage. Fin 1860, le chirurgien anatomiste français Paul Broca rapporta à la faculté de médecine de Paris l'étude clinique d'un patient aphasique surnommé Tan. Ce dernier, en raison d'une atteinte neurologique, utilisait cette unique syllabe, « tan », pour répondre à toutes les questions qu'on lui posait. Lors de l'autopsie de son patient, Paul Broca mit en évidence chez ce dernier une lésion importante du lobe frontal gauche. Les médecins qualifièrent cette maladie d'« aphasie d'expression » et la zone qui contrôle la possibilité de s'exprimer par des mots fut nommée « aire de Broca ».

À la même époque, l'Allemand Karl Wernicke révéla qu'une région de l'hémisphère temporal gauche intervenait dans l'aptitude à comprendre le langage, c'est-à-dire à reconnaître les sons reçus comme du langage puis à leur attribuer une signification. Cette zone fut nommée « aire de Wernicke ». Il observa en effet que certains patients éprouvaient de grandes difficultés à comprendre les sons du langage et à répondre aux questions qu'on leur posait. Leur parole demeurait pourtant fluide et abondante malgré des erreurs (notamment des inversions de lettres et de syllabes) pouvant conduire à une sorte de jargon incompréhensible. Dans les deux cas (aphasie de Broca ou aphasie de Wernicke), la lecture et l'écriture sont parfois conservées ou parfois très altérées (on parle alors d'alexie). Par ailleurs, tous ces travaux confirmèrent l'importance de l'hémisphère gauche dans le langage : les médecins ne retrouvèrent pas de trouble du langage quand les lésions se situaient dans l'hémisphère droit.

Les troubles occasionnés par l'altération de ces deux centres cérébraux de l'hémisphère gauche confirment la théorie de base d'une bipolarité dans l'organisation du langage : un centre antérieur, l'aire de Broca du lobe frontal, est expressif, c'est-à-dire qu'il permet l'expression, et un centre postérieur, l'aire de Wernicke, est réceptif, c'est-à-dire spécialisé dans la réception et la compréhension des messages parlés. Il existe également des liens et des associations entre ces deux centres. Ces liens sont activés dans tous les processus de langage nécessitant la transmission d'une information entre sa réception et sa production, comme la répétition d'un mot ou d'une phrase ou encore la lecture à haute voix (*cf. question 46*).

La lecture et l'écriture font également intervenir une partie postérieure du cerveau : le cortex visuel. Quand il s'agit de lire à haute voix, le cortex visuel traite les signes écrits sur la page ou l'écran, puis le gyrus angulaire (région de l'hémisphère gauche assurant la jonction temporo-occipitale) effectue la transmission à l'aire de Wernicke, qui réalise le traitement sémantique ; enfin, l'aire de Broca gère le traitement phonologique (*cf. illustration page suivante*).

C'est dans la continuité de ce contexte neurologique que les médecins se sont intéressés à la dyslexie. En 1896, le Dr Pringle Morgan s'interrogea au sujet d'un jeune garçon âgé de 13 ans, intelligent et doué pour les mathématiques, qui ne parvenait ni à lire ni à écrire. L'ensemble des symptômes que présentait son jeune patient poussa le Dr Morgan à qualifier les troubles observés de « cécité congénitale des mots ». Par analogie avec les lésions de l'adulte devenu totalement incapable de lire (c'est-à-dire alexique), un ophtalmologue écossais, le Dr J. Hinshelwood, qualifia ce trouble de dyslexie et le mit en rapport avec un trouble du cortex cérébral. Il émit l'hypothèse que l'origine de la dyslexie était en rapport avec un développement incomplet des centres nerveux responsables de la reconnaissance des mots.

Le Dr Samuel Orton, un neurologue de Philadelphie, établit l'utilisation définitive du terme de dyslexie dans l'histoire médicale. Au cours de sa carrière, il examina près de 3 000 dyslexiques d'âges divers et mit en évidence dans ce groupe de

Les circuits de la lecture

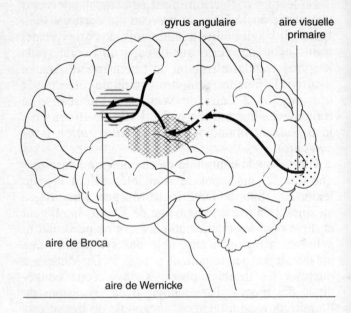

personnes un certain nombre de particularités : inversions de lettres, latéralité mixte ou croisée (ambidextre ou gauchère). Il observa également que la dyslexie était plus fréquente chez les garçons et qu'elle pouvait toucher plusieurs personnes d'une même famille. Le Dr Orton émit, à partir de 1937, l'hypothèse que la dyslexie n'était pas en rapport avec une lésion précise et localisée du cerveau mais avec une dominance hémisphérique mixte, ce qui signifiait que parfois la partie droite faisait le travail de la partie gauche et vice versa. Les retombées des découvertes du Dr Orton furent considérables. On continue aujourd'hui d'évoquer un défaut de spécialisation des aires du langage dans les troubles dyslexiques. On pense notamment à une participation de l'hémisphère droit, ou encore à un trouble dans le transfert d'informations entre les deux hémisphères cérébraux avec un rôle particulier du corps calleux.

44 - La dyslexie est-elle une maladie ?

Pour le Dr Michel Habib, neurologue français qui a étudié la question de la dyslexie dans un ouvrage (*Dyslexie : le cerveau singulier*, Solal, Marseille, 1997), « on se doit d'être prudent quant à sa catégorisation en maladie ou même en handicap. S'il ne s'agit pas d'une maladie au sens habituel du terme, elle en partage pourtant beaucoup de caractéristiques : le caractère relativement stéréotypé des signes et des symptômes, la présence de particularités biologiques [*cf. question 48*], la nécessité d'un traitement adéquat réalisé par des professionnels. Si l'on s'en tient à ces critères, la dyslexie est bel et bien une maladie et la comparaison avec la migraine est séduisante ». Le Dr Habib compare en effet la dyslexie et la migraine car ces deux troubles constituent des affections neurologiques fréquentes dont « le handicap potentiel » peut être très variable suivant les individus. Ainsi, la dyslexie est très fréquente (8 à 10 % de la population, comme la migraine), « son incidence varie selon le sexe (la migraine est plus fréquente dans la population féminine, la dyslexie dans la population masculine), elle connaît des causes probablement en grande partie génétiques bien qu'encore mal élucidées, elle n'a généralement pas de conséquences graves pour l'intégrité physique de l'individu mais peut être dans certains cas source d'un handicap considérable dans la vie quotidienne et professionnelle ».

45 - La dyslexie a-t-elle des causes physiologiques ou génétiques ?

À ce jour, dans l'état actuel des connaissances, les étiologies (ou causes médicales) de la dyslexie semblent multiples. Selon certaines hypothèses, la dyslexie pourrait être mise en rapport avec des troubles spécifiques du traitement auditif (*cf. question 54*), mais d'autres équipes évoquent des troubles visuels (*cf. question 56*). Pour certains neurologues, les dyslexiques ne souffriraient pas d'un déficit spécifique à l'origine de leur trouble en lecture mais d'un déficit général affectant toute habileté qui devrait devenir automatique par la pratique. L'anomalie sous-jacente concernerait des structures du cervelet impliquées dans les apprentissages moteurs, y compris dans la production de parole. Ainsi, une activation plus faible du cervelet pendant un apprentissage moteur a été démontrée chez les dyslexiques comparativement à des sujets témoins.

Toutes les études effectuées par de nombreuses équipes internationales montrent que les dyslexiques ont des déficits dans différents domaines du traitement de l'information verbale, mais l'origine de ces déficits n'est pas encore bien établie. Il existe vraisemblablement un facteur génétique. En effet, l'incidence de la dyslexie chez les parents et collatéraux d'enfants dyslexiques varie de 20 à 50 %. Le risque de dyslexie est plus élevé chez les collatéraux d'un dyslexique que dans une population témoin et est particulièrement important chez un enfant dont l'un des deux parents est dyslexique (Wolff, 1994). La prédominance masculine ressort de toutes les études. Les études épidémiologiques et intrafamiliales permettent d'avancer dans la plupart des cas de dyslexie la prééminence de facteurs génétiques, même si certaines formes ne sont pas familiales et peut-être non génétiquement déterminées. Plusieurs sites de gènes candidats sont actuellement connus : le bras court du chromosome 15 avec une incidence de 20 % environ parmi les cas familiaux, la région RH du chromosome 1, le chromosome 6 dans une région proche ou commune du locus HLA. Enfin, dans certaines familles de dyslexiques, le taux de maladies auto-immunes (dans lesquelles l'organisme sécrète des anticorps dirigés contre certains de ses propres constituants) est particulièrement élevé.

46 - Que dévoile l'imagerie cérébrale ?

Tandis que le scanner permet de recueillir des images du cerveau en coupes horizontales, l'imagerie par résonance magnétique (IRM) fournit des images colorées du cerveau « au travail » selon trois plans de l'espace et avec des couleurs traduisant l'activité du débit sanguin. Ces possibilités de voir en temps réel dans le cerveau ont confirmé les données précédemment acquises sur le rôle de l'hémisphère gauche dans le traitement du langage. Actuellement, les IRM fonctionnelles (dont le principe est de mesurer et de localiser l'accélération du débit sanguin cérébral lors de l'activité mentale) révèlent la diversité et la complexité des activations cérébrales lors de tâches paraissant simples : répétition de mots ou association de mots en fonction de liens sémantiques (comme la liste lexicale des aliments) et/ou phonologiques (comme des mots dans lesquels on entend /f/).

L'imagerie cérébrale met en évidence les circuits qui sous-tendent les fonctionnements de la pensée en rapport avec le langage, dans sa réception et dans sa production. Pour les activités de langage, trois régions de l'hémisphère gauche sont particulièrement activées : la zone frontale inférieure, la région temporale moyenne et un secteur pariétal inférieur. (*cf. illustration p. 90*)

La région frontale de Broca (*cf. question 43*) s'active lors de recherches mentales (tâches cognitives) dans lesquelles on doit trouver dans notre stock de mots (réseau sémantique) un verbe correspondant à un nom proposé : vaisselle… laver, banane… éplucher, stylo… écrire – processus fréquemment activés dans la lecture.

La zone temporale moyenne s'active spécifiquement dans toutes les tâches où le sujet doit se répéter mentalement un mot afin de décider si celui-ci contient ou non un son particulier, /b/ par exemple. L'activation est encore plus nette si le sujet doit conserver en mémoire de travail les informations et détecter si le mot contient le son /b/ précédé du son /d/ (« debout » versus « bouder »).

L'aire de Broca semble particulièrement impliquée dans une étape pré-articulatoire du langage, sorte de préparation mentale de l'articulation elle-même. La production articulatoire du langage, quant à elle, semble plus dépendante des zones sensori-motrices des deux hémisphères.

Quant à l'aire de Wernicke (région temporale), elle est activée dans sa partie antérieure lorsque l'écoute est plus complexe qu'un simple décodage auditif du langage. Ainsi, lorsqu'on demande à un sujet de déterminer si l'animal dont on propose le nom est plus gros ou plus petit qu'un chat, ou si un adjectif dénote une qualité positive ou négative, on obtient une activation de la zone antérieure de l'aire de Wernicke située dans l'hémisphère gauche. Il semble que cette région s'active d'autant plus nette-ment que la tâche est plus complexe d'un point de vue sémantique. Par exemple, l'écoute de mots abs-traits déclenche une activation plus intense que celle des mots concrets. Plus le traitement demandé au sujet est complexe, plus la zone activée est latérali-sée à gauche et tend à se localiser dans le bas de la zone de Wernicke. Les travaux les plus récents sug-gèrent même que la zone latérale et inférieure du lobe temporal gauche s'active spécifiquement en des endroits différents selon le type d'opération lin-guistique réalisée : dénommer un objet, décrire son utilisation, en évoquer la couleur, trouver le nom d'un outil, d'un animal ou encore d'un visage, sug-gérant ainsi une spécialisation étonnamment précise de cette zone du cerveau.

47 - Comment le cerveau d'une personne dyslexique fonctionne-t-il ?

Comme l'imagerie est un instrument révolution-naire qui permet de voir le cerveau en action et de déterminer quelle région est activée lors d'une action ou d'une pensée, elle permet également de comparer des personnes dyslexiques et des lecteurs normaux. Pour ces derniers, la lecture de mots active une zone classiquement dévolue au traitement du langage, la zone de Broca, une région située à proximité des aires visuelles, et la zone temporale inférieure et postérieure gauches (*cf. illustration p. 90*). Une activation de plus faible intensité se produit dans des zones motrices (zone frontale postérieure) et auditives (zone temporale supérieure).

Chez le dyslexique, le fonctionnement est différent. L'activation de la zone de Broca est soit normalement activée soit activée de manière plus importante, ce qui semble correspondre au phénomène de prononciation à voix basse (subvocalisation) observée chez certains dyslexiques lorsqu'ils tentent de déchiffrer. La zone temporale inférieure spécialisée dans le décodage de l'information visuelle des mots est sous-activée, voire inactive dans les dyslexies sévères. Parallèlement, certaines études révèlent que les dyslexiques ont un développement plus marqué du lobe temporal droit.

L'imagerie cérébrale révèle donc que la mise en action du cerveau se réalise de façon spécifique chez le dyslexique, mais elle ne dévoile en rien les causes du trouble. Elle permet tout au plus d'en préciser les mécanismes. Ainsi, les difficultés d'automatisation sont peut-être liées à un déficit cérébelleux (de la zone du cervelet). Les troubles visuels (problèmes de saccades et d'attention visuelle) ont, dans certaines études, été rattachés à une atteinte de la voie magnocellulaire (les neurones de grande taille des voies visuelles) et une absence d'activité d'une zone cérébrale dénommée « aire V5 ». Plus globalement, l'ensemble des travaux basés sur la neuro-imagerie reflète avant tout la spécificité et la complexité de la dyslexie.

48 - Le cerveau d'une personne dyslexique est-il biologiquement différent ?

C'est à un médecin neurologue américain que l'on doit des éléments de réponse à cette question. Norman Geschwind est parti de constatations cliniques pour élaborer, dans les années 1970, des modèles témoignant des aspects neurobiologiques de la dyslexie. Ayant remarqué que les dyslexiques associaient des troubles de la latéralité, des troubles d'apprentissage et des troubles immunitaires (asthme, allergies…), il émit l'hypothèse selon laquelle cette association ne pouvait être due au hasard mais qu'elle signalait quelques particularités dans le cerveau de l'enfant dyslexique, notamment une dominance cérébrale spécifique.

La dominance hémisphérique s'établit très précocement au cours de la vie fœtale. La période de migration des neurones peut être datée autour de la 25e semaine de gestation. L'hypothèse de Geschwind était que le taux d'hormone mâle dans le sang du fœtus, à certaines périodes de la croissance du cerveau, pouvait modifier la maturation de certaines zones critiques impliquées dans le développement des fonctions cognitives, du langage, de la préférence manuelle et du système immunitaire. Il examina, à l'hôpital de Boston, des cerveaux de personnes atteintes, de leur vivant, de trouble de la lecture et de l'apprentissage, et il retrouva une moindre asymétrie du planum temporal (une partie de l'aire de Wernicke) sur les cerveaux des personnes dyslexiques en comparaison avec les cerveaux « standards » qui sont, eux, franchement asymétriques, et notamment plus développés à gauche.

Son élève, le Dr A.-M. Galaburda, étudia au microscope des anomalies de la surface et de l'intérieur du cerveau afin de mieux cerner l'organisation des neurones corticaux. L'hypothèse était que des ectopies (amas de milliers de neurones sous forme de « boutons ou verrues corticales ») constituaient des malformations microscopiques révélatrices d'un trouble de la maturation cérébrale. Ce trouble intervenait notamment dans la période où les neurones une fois produits quittent leur emplacement d'origine pour se diriger vers la position qui les caractérisera dans le cerveau adulte. Galaburda a montré que les ectopies repérées sur les cerveaux des dyslexiques étaient regroupées dans la région périsylvienne gauche – zone du langage – et dans les régions frontales ascendantes.

Galaburda et son équipe se sont également intéressés à une zone enfouie dans les profondeurs du cerveau : le corps genouillé. Cette petite formation joue un rôle fondamental dans la transmission des informations visuelles et auditives. En 1993, cette équipe américaine a observé une perte des magnocellules (neurones de grande taille) chez les dyslexiques. On a alors parlé de théorie magnocellulaire, selon laquelle les troubles des dyslexiques pouvaient s'expliquer par l'atteinte de la partie des voies visuelles et auditives capables de transmettre des informations rapides et peu contrastées spatialement.

Il existe une autre région importante pour le traitement du langage : le corps calleux. Cette partie du cerveau constituée d'une masse de fibres de substance blanche est visible et mesurable par IRM. Elle est très influencée par l'apprentissage et se développe jusqu'à la 7ᵉ année. Des travaux récents (*Dyslexia and related learning disorders : recent advances from brain imaging studies,* M. Habib, J.-F. Demonet, 2000) ont montré que la langue maternelle peut avoir influé sur la taille du corps calleux. Suivant que la langue est plus ou moins « transparente », le corps calleux ne se développe pas de la même façon. (Une langue transparente est une langue pour laquelle les rapports entre l'oral et l'écrit sont réguliers – l'italien par exemple est une langue dite transparente où « ça s'écrit comme ça se prononce », contrairement au français.) La différence de taille du corps calleux entre les dyslexiques et les non-dyslexiques dont la langue maternelle est le français ne se retrouve pas chez ceux dont la langue maternelle est l'anglais.

Il semble donc, à la lumière de travaux des neurologues, que le cerveau du dyslexique est un « cerveau singulier ». Cependant, ces particularités n'ont pas valeur de preuve, d'autant plus qu'elles ne sont pas retrouvées dans toutes les études. Il est clair qu'on ne peut pas réaliser un diagnostic de dyslexie avec une simple IRM. Par ailleurs, les anomalies ne peuvent, sauf pour les atteintes magnocellulaires, être considérées comme la cause du trouble d'apprentissage. Cependant, ces particularités témoignent, comme le souligne le Dr Michel Habib, « d'un trouble de maturation du cerveau, lui-même responsable par ailleurs du déficit des fonctions cognitives source des difficultés d'apprentissage. La question est alors de savoir par quel mécanisme les circuits responsables de la lecture et des autres systèmes cognitifs compromis dans les divers types de troubles spécifiques d'apprentissage peuvent se trouver en défaut au sein de ce cerveau singulier ».

49 - Quels sont les types de dyslexie médicalement définis ?

Les neurologues distinguent habituellement comme étant les plus fréquentes les dyslexies dites « phonologiques ». Ces dernières seraient en rapport avec des dysfonctionnements des circuits neurologiques du langage situés dans l'hémisphère gauche. Il semble que la dyslexie phonologique partage des mécanismes communs avec les troubles spécifiques du langage (dysphasie, trouble de la fluence, c'est-à-dire de la capacité à évoquer les mots rapidement). Ces dyslexies sont encore appelées « dyslexies profondes » et concerneraient 65 % des dyslexiques présentant des difficultés à convertir les lettres en sons puis à les assembler (trouble de la voie d'assemblage, *cf. question 65*). L'élément fondamental de ces troubles spécifiques est l'existence d'une difficulté à réaliser des lettres en sons. Il s'agit d'un trouble de la conscience phonologique dont on connaît les mécanismes cognitifs engagés et les zones du cerveau qui les contrôlent. En effet, les activités de réflexion et de manipulation des sons (activités métaphonologiques, c'est-à-dire permettant de référer les sons des mots) sont contrôlées par deux régions de l'hémisphère gauche : la zone frontale inférieure de l'aire de Broca et une zone pariétale inférieure (*cf. questions 43 et 46*). L'incapacité à concevoir le langage oral comme une succession de sons séparés les uns des autres serait la principale cause des difficultés de l'enfant dyslexique à acquérir, au cours de la première année d'apprentissage, les correspondances entre les sons du langage (phonèmes) et les lettres (graphèmes).

Un autre type de dyslexie, plus rare, a été dégagé : les dyslexies dites « visuo-attentionnelles ». Elles sont attribuées à un défaut des circuits hémisphériques droits, en particulier dans la zone fronto-pariétale dont on connaît l'importance dans les processus de focalisation de l'attention visuelle. Ces dyslexies, qualifiées parfois de « dyslexies de surface » (ou encore dyséidétique), se caractérisent par des erreurs de perception globale des mots. La procédure permettant de reconnaître rapidement des mots familiers (*cf. question 65*, sur la voie d'adressage) est en effet altérée. Les difficultés que rencontrent ces enfants à fixer leur attention sur les aspects perceptifs de la lecture ne sont souvent qu'une partie d'un syndrome plus vaste appelé Trouble Déficit de l'Attention/Hyperactivité (TDAH), responsable d'une agitation psychomotrice très caractéristique mais d'intensité variable. Ainsi certains enfants, tout en étant très inattentifs, sont par ailleurs normalement calmes du point de vue comportemental. C'est dans ce type de trouble que l'on propose des traitements médicamenteux. Dans certains cas, on a évoqué un syndrome hémisphérique droit développemental car les résultats aux tests cognitifs révèlent chez ces enfants un profil comparable à celui des adultes qui présentent des lésions de l'hémisphère droit : difficultés d'attention, de perception des relations spatiales entre les objets, de discrimination perceptive dans les dessins enchevêtrés.

Dans les dyslexies qualifiées de « mixtes », le déficit porte à la fois sur les aspects phonologiques et visuels. Ce sont celles où la rééducation se heurte aux plus grandes difficultés. La tendance générale de ces enfants est de recommencer à chaque fois à associer les lettres et les sons, c'est-à-dire à utiliser l'assemblage (*cf. question 65*) sauf pour quelques rares mots très fréquents qu'ils ont fini par mémoriser (apprentissage logographique, *cf. question 7*). Le déficit phonologique (c'est-à-dire la difficulté à faire le lien entre phonème et graphème) joint aux confusions visuelles au niveau de la lettre compromet doublement la procédure d'assemblage et la rend plus ou moins inefficace. En l'absence d'un stock de mots en mémoire (lexique orthographique), c'est cette voie déficitaire que l'enfant aura malgré tout tendance à utiliser, tendance que la rééducation devra essayer de combattre.

La question des types de dyslexie est très débattue et la réalité clinique révèle combien la dyslexie peut revêtir de formes diverses, et ce d'autant qu'au fur et à mesure de la rééducation, on voit les enfants modifier leurs stratégies préférentielles de lecture. Pour les neurologues, le trouble phonologique correspond à une mise en place défectueuse des connexions au sein des aires du langage de l'hémisphère gauche, tandis que le trouble visuel apparaît comme une conséquence de l'altération spécifique de la composante magnocellulaire de la voie visuelle.

Selon le Dr Habib, « le trouble phonologique représente sans conteste le "noyau fixe" commun à la grande majorité des dyslexiques ». Tout se passe pour les neurologues comme s'il manquait au dyslexique un « organe cérébral » lui permettant à la fois de se figurer une image visuelle des mots, des formes grammaticales et des représentations graphémiques de la syntaxe, et d'accéder à cette image pour la retranscrire par écrit. Selon le Dr Habib, cet « organe manquant », dont la formation requiert l'intégrité à la fois des systèmes visuels et phonologiques, a toutes les chances d'être une partie du cerveau située en un lieu de convergence entre les systèmes en charge de la phonologie et les systèmes de la perception visuelle.

50 - Quels sont les symptômes médicalement identifiés de la dyslexie ?

La dyslexie est souvent associée à d'autres symptômes qui peuvent apparaître comme la conséquence du trouble de la lecture. C'est le cas de la dysorthographie. La quasi-constance de ce trouble chez le dyslexique incite à penser qu'il est lié à l'incapacité de former un système de mise en mémoire automatique de la forme visuelle des mots (lexique orthographique). Les dysorthographiques les plus sévères donnent l'impression d'écrire n'importe quoi n'importe comment, de segmenter les mots sans logique, de mettre quasiment au hasard les é, et, ai, ait, er, les au, eau, o, les singuliers ou les temps de verbe. L'ensemble peut aboutir à un véritable jargon écrit dans lequel on a toutes les peines du monde à reconnaître la forme sonore de certains mots. Cette tendance laisse souvent à penser que le problème est d'ordre comportemental, et notamment attentionnel (*cf. questions 87 à 89*).

Pour la dysgraphie (difficulté à dessiner les lettres), il semble plutôt s'agir d'un trouble associé que d'une conséquence. La présence de dyspraxie, c'est-à-dire de troubles discrets de la coordination, a été évoquée par de nombreux auteurs. Dans certains cas, le trouble est général et se traduit par une maladresse et une incapacité à exécuter des gestes fins. On le décèle parfois seulement lors d'épreuves spécifiques comme celle consistant à taper régulièrement un rythme précis avec l'index (tapping). Dans d'autres cas, il s'accompagne de façon plus ou moins exclusive d'une difficulté évidente dans l'acte graphique. L'association de troubles moteurs et de troubles de la lecture a donné lieu à des hypothèses concernant le rôle du cervelet. Outre son rôle moteur établi de longue date par les neurologues, le cervelet pourrait être concerné dans les troubles de la coordination motrice décrits chez le dyslexique. De plus, le cervelet a été récemment impliqué dans des fonctions cognitives plus générales, en particulier celles ayant trait à l'organisation temporelle non plus seulement du mouvement mais aussi d'activités plus complexes. La mise en évidence d'une sous-activation du cervelet lors d'un apprentissage moteur réalisé par des sujets dyslexiques a amené certains auteurs à proposer le rôle d'une éventuelle dysfonction cérébelleuse dans la dyslexie.

Une hypothèse intéressante fait appel au rôle primordial de l'articulation de la parole dans l'apprentissage des langues. Pour R.I. Nicolson et Ivry Justus, la dysfonction cérébelleuse pourrait expliquer les principaux symptômes du dyslexique : trouble de la lecture, trouble de l'écriture, trouble de l'automatisation des apprentissages, en particulier au niveau de l'orthographe. Le déficit subtil des aptitudes articulatoires provoquerait à la fois une altération de la mémoire phonologique à court terme et un trouble de la conscience phonologique, deux processus dont l'intégrité est nécessaire à un apprentissage normal de la lecture.

Parmi l'ensemble des symptômes, les médecins évoquent également la dyscalculie. Cette dernière est un développement défectueux des habiletés mathématiques avec des troubles dans l'acquisition du nombre (construction, dénomination et écriture des nombres), des difficultés dans la gestion des mécanismes des opérations et dans les raisonnements mathématiques impliqués dans la résolution des énoncés de problèmes.

51 - La dyslexie est-elle liée à la latéralité ?

Dans l'étude de Samuel Orton portant sur plus de 3 000 personnes, des troubles de la latéralité manuelle étaient soulignés. En effet, parmi ces dyslexiques, nombre d'entre eux étaient ambidextres ou gauchers. D'autres études font état chez les dyslexiques d'un taux de gauchers plus élevé (Bishop, 1983).

L'hypothèse d'une liaison entre gaucherie et dyslexie est renforcée par la tendance des gauchers à écrire en miroir. En fait de nombreux gauchers, dyslexiques ou non, sont capables de façon très habile d'écrire de cette façon. L'hypothèse la plus probable d'après les neurologues est qu'il suffit d'avoir une organisation atypique des connexions entre les différents éléments corticaux du système prémoteur de chaque hémisphère.

52 - Existe-t-il des troubles spécifiques d'organisation dans l'espace chez le dyslexique ?

Les dyslexiques éprouvent des difficultés dans les tests qui nécessitent des jugements d'orientation de lignes. Le « reversal test » (test étudiant la capacité à assortir par paire des figures géométriques) est parfois exécuté correctement par les sujets dyslexiques. L'épreuve la plus adéquate pour tester les fonctions spatiales reste cependant l'épreuve classique d'arrangement de cubes de la batterie de Wechsler. Cette épreuve consiste à reproduire à l'aide de 4 à 9 cubes rouges et blancs un dessin géométrique présenté sur une fiche. On évalue ainsi la capacité du sujet à manipuler des formes dans l'espace et à s'orienter. En général, le dyslexique « classique » de type phonologique obtient à cette épreuve des performances se situant dans la norme pour son âge, et parfois même supérieures à la moyenne. Dans certains cas, en particulier dans les dyslexies mixtes, la performance au cube est faible, ce qui est un signe de mauvais pronostic quant aux possibilités générales d'apprentissage. Les dyslexiques présentant à la fois des troubles phonologiques sévères et des difficultés visuo-spatiales et constructives posent des problèmes dans la mesure où leurs facultés de compensation sont compromises par la multiplicité des systèmes cognitifs atteints (ils ne peuvent, par exemple, compenser par le visuel leurs problèmes de traitement de l'information sonore…) (*cf. question 49*).

53 - Quelle est l'incidence des troubles de la perception auditive dans l'apparition des dyslexies ?

L'otite séro-muqueuse est une pathologie très fréquente chez l'enfant, souvent responsable d'une surdité de transmission de durée variable. Ce type d'otite touche l'oreille moyenne, zone responsable de la transmission des ondes sonores du tympan à la cochlée. Le retentissement négatif à court terme de cette pathologie sur l'acquisition du langage fait l'objet d'un relatif consensus. En revanche, ses effets à long terme sur le langage, le comportement, les capacités d'apprentissage et les résultats scolaires – notamment en lecture – restent controversés.

La pratique courante révèle cependant que l'on retrouve dans les anamnèses (historiques de la maladie) des enfants dyslexiques un passé d'otite séro-muqueuse dans l'enfance, montrant l'importance d'une bonne audition pour traiter le langage.

54 - Quelle est la nature des troubles du traitement auditif chez les dyslexiques ?

Même si un déficit d'acuité auditive (survenant notamment lorsque l'enfant est en phase d'acquisition du langage) peut jouer un rôle, la dyslexie semble en rapport avec des troubles plus complexes du traitement de l'information verbale.

Pour certains auteurs, les difficultés des dyslexiques à identifier les sons sont liés à un déficit de perception catégorielle. La perception catégorielle est la capacité de l'individu à différencier des sons proches comme « ba » et « da ». Elle permet de distinguer les petites unités sonores du langage (phonèmes). Cette capacité apparaît très précocement puisqu'elle existe chez les bébés dès les premières semaines de la vie. Des chercheurs ont mis en évidence chez les dyslexiques un déficit de cette perception catégorielle, et ils émettent l'hypothèse que ce trouble surviendrait très tôt dans le développement. En effet, on sait que vers le 8e mois, l'enfant qui, à l'origine, était capable de différencier tous les sons de toutes les langues, se spécialise dans la reconnaissance des phonèmes qui n'appartiennent qu'à la langue dans laquelle on lui parle (sa langue maternelle). Le déficit de perception catégorielle des dyslexiques proviendrait d'une difficulté à catégoriser les sons de sa langue maternelle. Par exemple, en français, le phonème /k/ peut être articulé de manière palatale, c'est-à-dire que la langue va vers le palais (qui = /ki/ comme dans le mot « qui »), ou vélaire, c'est-à-dire que la langue effectue un mouvement vers l'arrière de la cavité buccale, vers le voile du palais (quoi = /Kwa/ comme dans le mot « quoi »). Dans d'autres langues, ces deux lieux d'articulation se concrétisent par la réalisation de deux phonèmes différents. Le fait de différencier deux réalisations d'un même phonème /k/ n'empêche pas la compréhension du langage oral en raison de la redondance des informations verbales et de l'aide du contexte. Ainsi, on arrive à comprendre quelqu'un qui parle avec un accent, même sans saisir chaque son dans le détail. À l'inverse, le décodage des informations écrites peut être ralenti par cette surcharge de traitement, puisque le /k/ renvoie à plusieurs possibilités.

Pour d'autres auteurs, les difficultés à traiter les sons sont en rapport avec un déficit de traitement temporel auditif (c'est-à-dire une difficulté à analyser les indices de temps dans le flux de la parole). Ainsi, pour la neuropsychologue américaine Paula Tallal, les dyslexiques et les dysphasiques présentent des difficultés dans l'identification et le séquençage de stimuli brefs se succédant rapidement. Selon elle, les problèmes de ces enfants proviendraient de leur incapacité à percevoir des variations rapides dans le signal de parole. Ce déficit serait non spécifique au langage, puisqu'il affecterait également les sons non verbaux, et il serait indépendant de la modalité sensorielle, dans la mesure où il s'observerait aussi dans des tâches visuelles et sensori-motrices (on retrouve alors des difficultés à réaliser une analyse fine des séquences visuelles ou des séquences de geste). Très schématiquement, si des enfants dyslexiques doivent reproduire l'ordre d'une séquence de deux stimuli auditifs brefs, ils n'y parviennent aussi bien que des lecteurs normaux que si l'intervalle entre les deux stimuli est de 300 à 400 millisecondes. Cela est vrai pour des sons non verbaux comme pour des syllabes. Si la durée de chacun des deux stimuli est allongée, le déficit des dyslexiques n'apparaît plus. Cela laisse à penser que le cerveau du dyslexique serait incapable de gérer une information caractérisée à la fois par le caractère séquentiel de son contenu et par la brièveté des différents éléments de cette séquence. De plus, une étude française récente (C. Lorenzi, A. Dumont, C. Fullgrabe) a mis en évidence des difficultés spécifiques des enfants dyslexiques à identifier certaines cadences fondamentales de la parole continue.

55 - Quels sont les troubles de la mémoire immédiate dans les dyslexies phonologiques ?

Le trouble de la mémoire immédiate constitue un des traits les plus caractéristiques des dyslexies phonologiques (*cf. question 49*). Répéter une série de chiffres ou de syllabes sans signification constitue une tâche ardue pour le dyslexique. Au cours des tests d'évaluation comportant ce type de répétition, on trouve généralement chez les dyslexiques phonologiques des résultats inférieurs aux performances attendues pour leur âge. Ils présentent fréquemment des difficultés à répéter plus de 4 ou 5 chiffres d'affilée. Ce trouble de la mémoire immédiate a été étudié par le psychologue Alan Baddeley. Ce dernier a modélisé les fonctionnements de la mémoire de travail et de l'attention. Selon lui, le trouble peut résulter soit d'un déficit global de l'attention, soit d'une altération de la « boucle phonologique ». Cette « boucle » est le processus par lequel le sujet se répète mentalement le matériel à retenir et le stocke dans sa mémoire phonologique, qui est le lieu où le cerveau conserve provisoirement les traces sonores. On comprend aisément que si une des composantes de ce système fonctionne mal, l'enfant ne pourra pas progresser dans l'utilisation de la procédure d'assemblage qui repose en partie sur le maintien en mémoire de l'information lue (*cf. question 65*). Le problème est encore plus aigu pour les dictées, qui nécessitent que l'information soit répétée mentalement et ce d'autant plus longtemps que l'enfant est malhabile dans les conversions des sons en lettres.

56 - Quelles sont les anomalies de perception visuelle dans les dyslexies de surface ?

Face aux confusions entre des lettres visuellement proches ou aux erreurs de mots, l'existence d'un trouble de nature visuelle est souvent évoquée chez le dyslexique. Certains dyslexiques semblent posséder une vision imparfaite de la forme globale des mots. Certains mots sont ainsi déformés dans leur partie finale. L'enfant est souvent suspecté de tricher, d'inventer des mots : « carafe » devient « cabine »… On observe des reconnaissances incorrectes des terminaisons grammaticales, débouchant sur des difficultés sémantiques : « mettre » pour « mettront »… De même, les petits mots grammaticaux comme « un », « et », « par », « de » sont omis ou substitués. Toutes ces erreurs ont des incidences sur l'accès au sens du texte que l'enfant tente de déchiffrer.

Dans ces dyslexies, l'enfant utilise systématiquement une stratégie de décodage des mots lettre par lettre. Ce système ralentit leur débit et entraîne des erreurs. Dans les épreuves de lecture « flash », où le temps de présentation est chronométré, on observe que l'enfant tente de saisir les deux ou trois premières lettres du mot. Il n'appréhende pas le mot dans sa globalité selon une procédure logographique ou orthographique (*cf. question 7*) et se voit contraint d'utiliser une stratégie de décodage systématique.

L'origine exacte de ce défaut de nature visuelle reste très controversée. De nombreuses études ont été réalisées ces dernières années par les neurologues pour tenter de comprendre s'il s'agit d'un comportement visuo-attentionnel aberrant ou d'un défaut élémentaire du traitement de certains types de stimuli visuels.

57 - Existe-t-il des traitements médicamenteux de la dyslexie ?

En raison de l'hypothèse d'un déficit hémisphérique gauche dans les troubles dyslexiques, des médecins (notamment nord-américains) ont proposé des médicaments nootropes, connus pour améliorer spécifiquement les performances de l'hémisphère gauche. En France, le recours au Piracetam® est considéré comme un traitement d'appoint dans la dyslexie de l'enfant. La Ritaline® est utilisée pour des enfants dyslexiques hyperactifs et des antiépileptiques pour les enfants souffrant d'épilepsie associée. Dans l'étude de 2000 portant sur 714 dyslexiques, 1,7 % d'entre eux avaient reçu des traitements médicamenteux. Sans avoir prouvé leur efficacité, ces traitements peuvent cependant jouer un rôle parallèlement aux thérapies orthophoniques, cognitives et psychologiques.

58 - Peut-on guérir la dyslexie ?

Certaines dyslexies entraînent de telles difficultés que, même une fois adultes, les sujets concernés continuent de lire de façon instable et chaotique. Cette absence de maîtrise les empêche de trouver du plaisir à la lecture, qui reste avant tout une source de fatigue.

Cependant, le tableau n'est pas toujours aussi sombre et bien des dyslexies peuvent être considérablement transformées par un soutien constant de l'entourage, une rééducation appropriée et un environnement scolaire adapté. Certaines dyslexies peuvent être compensées à tel point que seul le sujet se souvient de son combat (*cf. question 31*). Il demeure vigilant aux signes qu'il observe dans sa lecture car ils constituent pour lui un repère de son état. Quand tout va bien, les confusions, inversions, élisions… sont minimes, voire quasi inexistantes. Quand tout va mal, que le stress et la fatigue atteignent un niveau élevé, les troubles peuvent réapparaître. Comme le disent certains : « c'est mon baromètre ».

Mieux, certains dyslexiques présentent une supériorité dans certains domaines. C'est le cas de la pensée visuelle (pensée en images) qui les rend plus compétents que bien des non-dyslexiques. Ils peuvent, par exemple, se représenter très précisément une pièce, un trajet, une disposition, etc. Lorsque, par une affinité personnelle et une orientation professionnelle adaptée, ils peuvent mettre en pratique leur talent, leur dyslexie n'est plus une maladie mais au contraire la source de leur inspiration (*cf. question 117*).

V

La dyslexie vue par
les psychologues

59 - Les dyslexies peuvent-elles être d'origine psychologique ?

Les parents sont souvent désorientés par l'attitude et le changement de comportement de leur enfant après quelques mois de scolarité en CP. Leur inquiétude se porte alors naturellement en premier lieu sur l'aspect psychologique de la question. Ils ne comprennent pas que leur enfant, jusque-là joyeux et enthousiaste vis-à-vis de l'école, soit à présent taciturne et irritable, montrant fréquemment des signes d'épuisement. Auparavant, leur enfant partait chaque jour joyeusement découvrir, apprendre et partager diverses activités avec sa maîtresse et ses copains de maternelle. Désormais, il éprouve les plus grandes difficultés à se réveiller chaque matin pour aller en classe. Il se plaint d'avoir mal au ventre, à la tête… Pourtant, en week-end ou en vacances, il redevient un joyeux drille, toujours prêt à inventer des jeux, courir ou sauter. Il s'enthousiasme pour fabriquer des engins complexes avec ses Lego. Il est donc fréquent pour les parents de se retrouver face à un « psy » (psychiatre ou psychologue) pour tenter de comprendre les changements de leur enfant depuis qu'il est confronté à l'apprentissage de l'écrit.

Certains psychiatres mettent en doute les hypothèses neurobiologiques de la dyslexie (*cf. questions 43 à 49*). Pour eux, la dyslexie est plutôt située du côté du refoulement du désir de savoir. Ainsi, J. Berges se demande « si, dans l'incapacité de lire, de percer le sens, d'entrer dans le texte, d'aller au fond de l'écrit, on ne relève pas la trace des aléas de la pulsion scopique : il s'agit alors de l'œil en tant qu'il est un organe, pas seulement de la vue, mais du regard sous-tendu par le désir et porté par le corps comme une antenne ; c'est cet œil-là qui se trouve aveuglé par le signifiant dans la dyslexie ».

Qu'est-ce que l'enfant ne veut pas voir ? Qu'est-ce qui empêche l'enfant d'accéder au savoir ? Dans ce type d'hypothèses, on s'oriente sur le rôle et la place de l'enfant dans la famille. Pour faire éclore son désir d'apprendre, l'enfant a besoin d'une sécurité affective apportée par la bienveillance de ses parents, qui l'encouragent dans ses découvertes du monde, soutiennent son enthousiasme, étaient ses interrogations. Or, le désir de savoir peut être inhibé par des conflits internes. L'échec en lecture serait alors le résultat de conflits affectifs empêchant le jeune élève d'exprimer sa curiosité, de développer une attention et un intérêt spécifiques à la chose écrite. Pour certains psychanalystes, « c'est comme si le Moi renonçait partiellement à la fonction cognitive pour éviter un conflit avec la pulsion (le ça), mais ce renoncement entraînerait à son tour l'intervention autopunitive du Surmoi. L'apprentissage de la lecture serait infiltré par le conflit œdipien lié au désir et à la peur d'être égal ou supérieur au père ainsi que le désir d'être admiré par la mère. L'enfant aurait une certaine incapacité à dépasser la relation duelle avec la mère et à accepter la référence à un tiers, porteur de Loi, qui autorise l'accès au symbolique et place le désir en dehors de la situation œdipienne. La situation œdipienne renforcerait donc le refoulement du désir de savoir. D'autre part, la pulsion scopique, actualisée par l'aspect visuel de la lecture, pourrait aussi devenir objet de refoulement parce qu'elle serait vécue comme culpabilisante ». (J.A. Serrano, 1998)

Françoise Dolto a présenté des cas cliniques illustrant les parcours des signifiants. Elle souligne l'association de « je lis, tu lis… » avec le « li(t) des parents » et « ça lit (salit) ». Mais ces interprétations ne peuvent fonctionner qu'en langue française.

Les hypothèses psychanalytiques, fondées sur des observations cliniques, n'autorisent aucune généralisation quant à une origine psychologique des dyslexies. Par ailleurs, ces hypothèses peuvent être proposées pour d'autres difficultés spécifiques aux apprentissages scolaires. Cependant l'approche psychanalytique souligne la nécessité de tenir compte des conflits affectifs qui, chez l'enfant dyslexique, peuvent jouer un rôle dans l'apparition des troubles de la lecture ou dans leur évolution.

Pour dénouer la complexité de cette question, les évaluations réalisées au moment du diagnostic (évaluations auxquelles on peut ajouter le cas échéant des épreuves projectives qui donnent accès à la structure de personnalité, comme le test de Rorschach) permettent d'aborder ces aspects fondamentaux sans pour autant perdre du temps à s'engager dans une voie unique qui retarde encore une prise en charge la plus adaptée et complète possible.

60 - Les psychologues peuvent-ils contribuer au diagnostic de la dyslexie et permettre d'éviter le cercle vicieux de l'échec scolaire ?

Le meilleur moyen d'éviter le cercle vicieux de l'échec scolaire consiste à repérer et à traiter la dyslexie avant que ne s'installe un retard important en lecture – qui va retentir sur tous les apprentissages, puisque la grande majorité de l'enseignement est à base d'écrit. C'est souvent par un changement de comportement que l'enfant manifeste ses difficultés spécifiques dans les apprentissages. On le voit devenir triste et préoccupé même si ses notes scolaires ne changent pas dramatiquement. Il importe de réagir, de lui parler pour essayer de comprendre, de rencontrer les enseignants, de l'observer dans ses conduites de lecture. Si les inquiétudes persistent, il ne faut pas hésiter à aller consulter un psychologue afin de clarifier la question. L'enjeu est d'éviter qu'un sentiment d'échec n'envahisse le domaine des apprentissages fondamentaux. Le bilan complet réalisé par le psychologue permettra de comprendre les modalités de traitement des diverses informations et les stratégies de l'enfant, ainsi que la structure de sa personnalité. Ce sera parfois à l'issue d'une consultation chez un psychologue que l'enfant sera orienté vers un orthophoniste, si le spécialiste suspecte une dyslexie.

61 - Quels sont les troubles comportementaux et psycho-affectifs réactionnels à la dyslexie ?

En présence de troubles significatifs, la première démarche consiste à tenter de départager la cause des conséquences. Bruno Bettelheim affirmait, en 1979 : « Mon expérience avec des enfants affectivement perturbés indique que les difficultés de lecture se manifestent plus précocement que les troubles affectifs graves mais que, en ce qui concerne la causalité, c'est réellement l'inverse qui se produit. » Il est donc bien difficile de démêler les troubles réactionnels des troubles indépendants. Un enfant peut être avant tout dépressif, anxieux… sans être dyslexique, mais s'il présente des problèmes spécifiques d'apprentissage, il risque de développer des troubles psychologiques divers allant de la dépression à l'agressivité, avec, la plupart du temps, des défaillances de l'attention.

Pour les psychologues, étant donné les déficits cognitifs préexistants, ce sont les perturbations au niveau du Moi (faible capacité défensive, problèmes de contrôle pulsionnel, difficultés de perception de la réalité) qui peuvent favoriser chez l'enfant dyslexique l'éclosion de manifestations d'opposition ou d'agressivité, voire de conduites antisociales.

Les troubles déficitaires de l'attention signalés dans certaines situations de dyslexie peuvent se manifester de deux manières. Les enfants peuvent avoir une attention instable et se laisser facilement distraire par une stimulation externe. Une mouche qui vole leur fera perdre le fil du récit. Le nouveau crayon de leur voisin attirera plus leur attention que la voix du professeur. Au contraire, on rencontre des enfants qui ne sont pas attentifs à leur environnement parce qu'ils sont centrés sur eux-mêmes.

De nombreux travaux, notamment anglo-saxons, rapportent l'association entre des manifestations psychopathologiques et des troubles de l'apprentissage. L'incidence des problèmes de lecture parmi des enfants présentant des troubles émotionnels et du comportement varie entre 40 et 80 %.

Ces troubles du comportement associés aux troubles des apprentissages sont identifiés par les psychologues dans quatre syndromes psychopathologiques :
— les troubles déficitaires de l'attention ;
— le syndrome dépressif ;
— les états anxieux ;
— les troubles des conduites.

Même si, comme l'affirme C. Chiland, « il n'y a pas de "portrait psychanalytique" de l'enfant dyslexique », certaines tendances sont observées dans les troubles réactionnels aux difficultés spécifiques en lecture.

On ne remarque pas, en général, d'état dépressif franc chez l'enfant dyslexique ; il s'agit plutôt d'une faible estime de soi en rapport avec la représentation que l'entourage se fait de l'enfant. Ces sentiments expriment l'échec à satisfaire l'idéal du Moi. On entre alors dans un engrenage qui favorise l'éclosion de sentiments dépressifs. Pour l'enfant, l'adolescent ou l'adulte, cette dévalorisation de l'image de soi entraîne une crainte de l'échec qui peut tout envahir. Elle peut être renforcée par le discours de l'entourage, accentuant les sentiments d'insécurité et d'anxiété vécus par la personne dyslexique. Cette anxiété est souvent diffuse et liée à la situation de lecture ou d'écriture, majorant encore les difficultés d'attention et de mémorisation à court terme. En raison de l'anxiété, des sentiments dépressifs et de la situation d'échec, l'enfant peut adopter une position de retrait – indifférence ou opposition passive – qui démultiplie les réactions négatives de l'entourage familial ou scolaire : « tu n'as pas fait ton travail », « tu es encore en retard », « votre copie n'est même pas du niveau CP »…

Les troubles des conduites sont fréquents. Les enfants dyslexiques peuvent se montrer impulsifs et se mettre en colère facilement, manifestant ainsi leur faible capacité à contrôler leurs pulsions ainsi qu'une difficulté à se protéger face aux contraintes et aux frustrations de la vie quotidienne, notamment scolaire.

Parfois, la dyslexie est associée à un Trouble Déficit de l'Attention/Hyperactivité (TDAH). Il s'agit d'un syndrome qui associe trouble de l'attention, hyperactivité et impulsivité. Les enfants ne peuvent rester tranquilles une minute. Leurs parents sont exténués et, parfois, les professionnels mis en grande difficulté sont obligés de renoncer. Aux États-Unis, ces enfants sont souvent traités par voie médicamenteuse (Ritaline®). Ce trouble, qui atteint 3 à 5 % de la population, marque une nette prédominance masculine (4 à 9 garçons pour une fille).

62 - Quelles sont les approches psychothérapeutiques et psychanalytiques de la dyslexie ?

L'approche psychothérapeutique a pour objectif d'aider à un épanouissement global en dépit du trouble des apprentissages. Le soutien psychothérapique extérieur permet à l'enfant d'être reconnu avant tout comme un individu en devenir. L'absence d'objectif pédagogique ou rééducatif de la psychothérapie l'aide à retrouver confiance en lui et à faire éclore ses ressources personnelles sans souci de performance. On espère ainsi que l'enfant retrouvera une meilleure estime de lui-même et pourra investir la scolarité et les apprentissages.

La psychothérapie individuelle est indispensable quand les conflits œdipiens sont au premier plan. Dans ce cas, il est intéressant de commencer par ce type de prise en charge. Ce préalable sera également utile si l'enfant n'évolue pas au cours des rééducations. L'objectif est de lui permettre d'exprimer son opposition ou de lever ses inhibitions, qui résultent souvent d'un excès d'insistance parentale. La psychothérapie peut précéder ou être menée conjointement à d'autres interventions.

L'approche systémique (incluant l'enfant et son environnement) est parfois recommandée. La famille du dyslexique est en effet soumise à rude épreuve. L'échec scolaire peut éveiller chez l'enfant des sentiments anxieux et dépressifs, sentiments qui se traduisent parfois par une hyperactivité difficile à vivre au quotidien. Le travail avec l'ensemble de la famille est alors souhaitable. Le thérapeute pourra proposer par la suite des moments où les parents seront seuls avec lui pour exprimer leurs sentiments de déception ou de colère. Ce type d'approche permet de développer un climat constructif. Les parents adopteront alors plus facilement les attitudes adéquates. Les répercussions sur l'attitude générale de l'enfant seront le plus souvent positives, et sa sécurité affective et son estime de soi en sortiront renforcées.

Les approches psychodynamiques (travaillant autour du sujet et de son désir) ont pour objectif de clarifier les enjeux du désir de savoir. Ce désir est parfois parasité par des conflits intrapsychiques qui se fixent sur des points fragiles de l'enfant ou du système familial. Il peut également être perturbé par des circonstances extérieures telles que des conflits familiaux à répétition, l'ambivalence des parents ou encore des situations stressantes particulières. Les interventions psychothérapeutiques individuelles et/ou familiales cherchent à rompre le cercle vicieux de l'échec dans lequel l'enfant est installé.

Il s'agit d'intervenir à un double niveau. Auprès de l'enfant, le psychothérapeute travaillera sur la faible estime de soi et le manque de confiance en soi. Pour cela, il l'aidera à valoriser ses propres ressources dans d'autres domaines et à faire face aux sentiments de dépression et d'anxiété. Le travail psychologique permettra progressivement à l'enfant d'investir l'apprentissage de la lecture tout en acceptant les frustrations et les difficultés que cela comporte. Auprès des parents, le travail du psychothérapeute consistera à les aider à accepter leur enfant tel qu'il est. Il faudra pour cela qu'ils apprennent à renoncer à des attentes excessives et à assumer le plus sereinement possible les déceptions éventuelles. Enfin, le psychologue aidera les parents à mettre en place des attitudes rassurantes pour leur enfant et à se montrer plus structurants face à ses comportements d'opposition, de manipulation ou d'agressivité. Le travail du psychologue est ainsi un soutien pour les parents, comme pour les enfants, tous confrontés au caractère chronique difficilement supportable du problème dyslexique.

Dans tous les cas, il paraît indispensable de ne pas surcharger l'enfant avec une multiplicité de prises en charge. Il faut savoir décider ce qui est prioritaire à un moment donné de son histoire individuelle.

63 - Quelles sont les demandes des parents ? Quel rôle la famille peut-elle jouer ?

Pour les parents, l'enfant, surtout s'il a été désiré, est censé, selon la psychiatre française Maud Mannoni et de nombreux spécialistes après elle, « faire aboutir leurs rêves perdus ». L'existence d'une dyslexie et son cortège de difficultés scolaires provoque chez les parents un sentiment de blessure narcissique. Ils doivent faire un travail de deuil de l'enfant idéal imaginé. On voit alors éclore divers sentiments – déception, tristesse, culpabilité, colère – qui risquent d'affaiblir la capacité des parents à faire face aux problèmes de leur enfant. Les parents sont demandeurs d'une aide immédiate et efficace. Le pari est difficile à tenir dans le domaine des troubles de la lecture, d'autant plus que les familles doivent s'organiser en fonction des besoins spécifiques de l'enfant : partenariat avec le milieu pédagogique, accompagnement aux diverses prises en charge nécessaires, aménagement des aides au travail à la maison…

La création d'associations a permis de répondre aux demandes des parents qui ne veulent plus être seuls face aux besoins spécifiques de leurs enfants. Ces associations ont conduit à l'élaboration de plans d'action gouvernementale destinés à les aider. Pour autant, les demandes des parents ne sont pas identiques. Certains souhaitent que l'Éducation nationale mette en place des classes spécialisées pour enfants dyslexiques, d'autres que leur enfant soit intégré dans une classe tout à fait régulière avec des aménagements spécifiques. D'autres encore, confrontés à la difficulté de trouver des orthophonistes disponibles pour prendre en charge leur enfant, souhaitent que les ministères autorisent plus d'étudiants dans cette spécialité… Bref, ils utilisent toute leur énergie face au handicap auquel ils sont confrontés, et la tâche des psychologues consiste parfois à leur rappeler les besoins de leur propre enfant.

Quand les parents ont eux-mêmes été dyslexiques, leurs demandes et leurs attentes ne se situent pas dans le même registre. Généralement le diagnostic est établi précocement (avant même l'entrée en CP) sur des indices spécifiques du langage de l'enfant ou des signes d'alerte du domaine de l'organisation spatio-temporelle. Les parents sont demandeurs d'une évaluation diagnostique, puis d'une prise en charge accompagnée de bilans de suivi. Le trouble n'est pas nié mais, au contraire, identifié, reconnu et pris en charge. Ces parents-là sont rapidement demandeurs de conseils spécifiques. Ils reconnaissent la complexité du trouble, le besoin de donner du temps au temps et d'aider leur enfant le plus complètement possible en gardant avant tout confiance en lui. Ils ont des demandes auprès des psychologues essentiellement dans le registre « erreurs à ne pas commettre » vis-à-vis de l'enfant lui-même et/ou de ses frères et sœurs.

64 - Qu'est-ce que la vision neuropsychologique de la dyslexie ?

La neuropsychologie a pour but de comprendre les mécanismes cérébraux du fonctionnement de l'esprit. Elle est née à la fin des années 1950, en Europe et en Amérique du Nord, en raison d'un intérêt accru des chercheurs pour les fonctions mentales supérieures, qui prennent alors l'appellation de fonctions cognitives. Cette neuropsychologie balbutiante s'intéresse d'abord essentiellement aux adultes atteints de lésions cérébrales et présentant des troubles du langage, de la mémoire ou des fonctions spatiales. Puis, les neuropsychologues tentent, à partir de méthodes anatomo-cliniques (fondées sur l'étude de signes cliniques pouvant être mis en lien avec une localisation d'atteinte précise), d'inférer ce que pourrait être chez la personne non malade la relation entre une fonction mentale et une région du système nerveux central. Avec l'avènement des techniques d'imagerie cérébrale, le statut initial de la neuropsychologie s'est considérablement modifié (*cf. question 46*).

C'est essentiellement chez l'enfant qu'elle laisse entrevoir des possibilités d'application. La complexité introduite par la dimension développementale implique d'utiliser des modèles théoriques

d'apprentissage s'appuyant sur les fonctions cognitives (*cf. question 65*). C'est ainsi que la neuropsychologie propose des modèles des principaux
apprentissages, et notamment de la lecture.

65 - Quels sont les différents modèles d'apprentissage de la lecture ?

Pour les neuropsychologues, la lecture consiste
avant tout à identifier des mots. Cette identification
se réalise différemment suivant la nature des mots et
les structures cognitives (d'acquisition des connaissances) du lecteur. En analysant les erreurs de
patients ayant des troubles de la lecture en rapport
avec des atteintes cérébrales, les cognitivistes ont
proposé, dans les années 1980, l'existence de mécanismes de lecture reposant sur deux procédures :
l'adressage et l'assemblage (cf. illustration).
Le lecteur peut reconnaître un mot par un accès
direct quand ce dernier fait partie de son lexique
orthographique, c'est-à-dire des mots qu'il a stockés
dans sa mémoire. C'est le cas de mots familiers
comme « bateau ». Quand cette succession de 6 lettres est présentée par écrit, elle fait l'objet d'une
analyse visuelle qui conduit le lecteur à activer une
représentation mémorisée de ce mot dans son lexique orthographique (la mémoire à long terme de
l'ensemble des formes orthographiques des mots
connus). Au moment de la lecture, le sujet reconnaît
visuellement ce mot et accède à son sens. Il peut
alors le lire à haute voix car la séquence phonologique du mot (la prononciation successive de ses
syllabes) peut être maintenue en mémoire verbale à

Les deux voies de la lecture

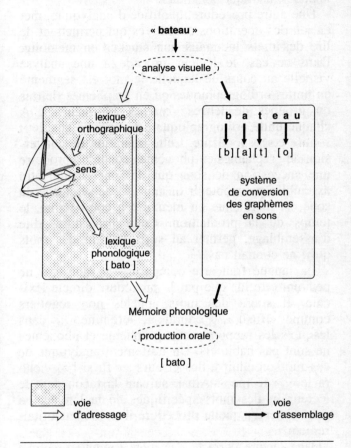

« bateau »

↓

analyse visuelle

lexique
orthographique

sens

lexique
phonologique
[bato]

b a t e a u

[b] [a] [t] [o]

système
de conversion
des graphèmes
en sons

Mémoire phonologique

production orale

[bato]

⬜ voie
⇒ d'adressage

⬜ voie
→ d'assemblage

court terme le temps de son articulation. On parle dans ce cas de lecture par la voie d'adressage, que certains auteurs nomment voie sémantique ou lexico-sémantique.

Une autre procédure, qualifiée d'analytique, met en jeu des opérations cognitives qui permettent de lire des mots inconnus non stockés en mémoire. Dans ce cas, le lecteur procède à une analyse visuelle au cours de laquelle le mot est segmenté en unités orthographiques ou en graphèmes (lettres ou groupes de lettres : /b/, /a/, /t/, /eau/…). À chaque unité orthographique est attribuée la valeur sonore correspondante. Cette opération de conversion de graphèmes en phonèmes conduit à produire une succession de sons qui devront ensuite être assemblés pour obtenir un mot. Cette séquence de sons est maintenue en mémoire à court terme, le temps de la production. Cette procédure, dite d'assemblage, permet au sujet de lire des mots qu'il ne connaît pas.

La langue française comporte des mots qui ne peuvent être lus que par la procédure directe lexicale. Il s'agit des mots appelés non réguliers comme « fusil », « chorale », « femme »… dans lesquels les rapports entre graphème et phonèmes ne sont pas habituels. Un traitement analytique de ces mots conduit à des erreurs : « fu si l », « cho ra le », « fè me ». Ainsi, suivant la façon dont le lecteur lit des mots spécifiques de la langue, on peut observer quelle procédure il utilise majoritairement.

Une lecture correcte des mots irréguliers permet d'affirmer que la procédure lexicale par voie d'adressage est fonctionnelle tandis qu'un déchiffrage correct de pseudo-mots (« barco », « rikapé »…) témoigne que l'enfant maîtrise la procédure analytique.

66 - Qu'est-ce qu'une dyslexie phonologique ?

Le modèle neuropsychologique de la lecture (*cf. question 65*) conduit à distinguer différents types de dyslexie. Dans la dyslexie phonologique, les rapports entre les graphèmes (lettres ou groupes de lettres) et les phonèmes (unités sonores de base du langage) ne sont pas correctement utilisés. On observe un trouble sélectif de la lecture des pseudo-mots (mots inventés) alors que la lecture des mots réguliers et irréguliers est relativement préservée. Ce trouble peut très sévèrement perturber l'apprentissage de la lecture dans la mesure où tout mot de la langue est un mot nouveau en début d'apprentissage. Cette forme de dyslexie s'accompagne souvent de troubles du langage écrit (dysorthographie phonologique). Les mots connus sont, pour la plupart, correctement orthographiés alors que l'enfant a beaucoup de mal à écrire sous dictée l'orthographe des pseudo-mots.

On observe également chez les dyslexiques phonologiques des troubles associés du langage oral. Ils éprouvent des difficultés dans la répétition de mots complexes ou de pseudo-mots, et les tâches d'évocation de mots commençant par un son donné (fluence phonologique) – par exemple les mots où on entend /f/ – ou encore la dénomination rapide d'images leur posent problème. Ils ont du mal à isoler les unités sonores (phonèmes) qui composent les mots ou à manipuler ces unités (retirer le premier son, segmenter le mot...). Ils présentent ce qu'on appelle un trouble de la conscience phonologique, c'est-à-dire qu'ils éprouvent des difficultés à identifier et manier les unités sonores composant les mots. Ils n'arrivent pas à percevoir et se représenter la langue orale comme une séquence d'unités ou de segments (comme la syllabe, la rime ou le phonème). Ce trouble s'accompagne assez fréquemment de capacités limitées de mémoire verbale à court terme. Les enfants qui présentent des dyslexies phonologiques rencontrent donc des difficultés dans différents domaines du langage qui impliquent un traitement phonologique : langage oral, lecture, orthographe, métaphonologie (manipulation des sons), mémoire verbale.

67 - Qu'est-ce qu'une dyslexie de surface ?

Outre la dyslexie phonologique (*cf. question 66*), la neuropsychologie a mis en évidence une autre catégorie de dyslexie : la dyslexie de surface, qui concerne une atteinte de la voie d'adressage (permettant l'accès direct au lexique interne) (*cf. question 65*).

Le profil du lecteur est alors radicalement opposé. Les enfants atteints par ce type de trouble sont capables de lire les pseudo-mots (ils parviennent donc à réaliser les conversions des lettres en sons), mais sont en grande difficulté lorsqu'on leur présente des mots irréguliers auxquels ils doivent accéder directement par la voie lexico-sémantique (qui permet l'accès direct au sens par la simple vision du mot). On observe qu'ils ont tendance à régulariser ces mots, c'est-à-dire à restituer les sons qui les composent. « Tabac » est lu « ta ba ke », « second » est prononcé « se kon de ». La dysorthographie associée à ce type de dyslexie est souvent importante, et se caractérise par le fait que les mots sont écrits comme ils se prononcent, sans respect de leur orthographe : « aricau » pour « haricot », « ivere » pour « hiver », « quouète » pour « couette », « fritte » pour « frite »… On ne décrit pas chez ces enfants de trouble associé du langage oral, de trouble de la conscience phonologique (*cf. question 66*) ou de déficit dans la mémoire verbale à court terme.

On évoque, en revanche, dans ce type de dyslexie, des difficultés de traitement visuo-attentionnel. Les enfants atteints ne peuvent effectuer un traitement global de la forme orthographique du mot. Tout se passe comme si leur attention était limitée seulement à quelques caractères (2 ou 3 lettres). Ces enfants présentent fréquemment des troubles associés de l'écriture sous copie, et peuvent aussi montrer de faibles performances dans les tâches visuelles de repérage d'une lettre parmi des « distracteurs » (reconnaître des o parmi un nuage de q, par exemple) ou dans de simples tâches de comparaison de mots proches visuellement (« comme » et « comment »). Pour les neuropsychologues, c'est le déficit visuo-attentionnel qui pourrait être à l'origine des difficultés en lecture de ces enfants, empêchant la constitution en mémoire de connaissances lexicales orthographiques.

68 - Qu'est-ce qu'une dyslexie mixte ?

Les dyslexies mixtes se caractérisent par des difficultés tant en lecture de mots irréguliers (par exemple « femme », « chœur », etc.) que de pseudo-mots (mots inventés permettant de tester les capacités de lecture d'un terme inconnu). Ces difficultés semblent résulter de l'existence de deux déficits cognitifs : un dysfonctionnement phonologique similaire à celui décrit dans les dyslexies phonologiques (*cf. question 66*) et un dysfonctionnement visuo-attentionnel similaire à celui décrit dans les dyslexies de surface (*cf. question 67*).

VI

La prise en charge orthophonique

69 - Pourquoi consulter un orthophoniste ?

Comme la dyslexie se révèle sur le terrain scolaire par son cortège de mauvaises notes, de difficultés de concentration, d'agitation, voire de
troubles du comportement, la place des orthophonistes, spécialistes de la communication et du langage, n'est pas toujours appréhendée à sa juste
valeur. On a tendance à imaginer que des cours de
rattrapage pourraient venir à bout du mal qui perturbe les journées de l'enfant et les soirées familiales. Ou, encore, que des entretiens avec un
psychologue permettraient à l'enfant de se réveiller
le matin pour reprendre sereinement le chemin de
l'école. Les cours de rattrapage peuvent se révéler
utiles pour les enfants qui, pour diverses raisons,
ont pris du retard dans leurs acquisitions pédagogiques et constituent le groupe des « mauvais lecteurs ». Il n'en est rien pour les vrais dyslexiques.
Ces derniers présentent un trouble spécifique
d'apprentissage du langage écrit. Ce trouble est

lui-même en rapport avec un trouble de développement du langage, domaine d'intervention des orthophonistes.

Le langage est un signe de santé. La réalisation du langage dans une langue est le reflet d'un développement organique et psychique harmonieux. La parole est le lien par excellence entre l'esprit et le corps. Chacun sait, lorsqu'il entend le « bonjour, comment vas-tu ? » d'un proche, quel est son état d'esprit du moment. Chacun sait qu'une émotion positive ou négative retentit sur la voix. Ce qui est valable pour la voix l'est pour le langage, qu'il soit oral ou écrit. Un stress nous fait bégayer, des états de grande fatigue modifient notre écriture, des soucis envahissants nous font confondre certains mots lorsqu'on tente de les lire et peuvent nous empêcher de comprendre un texte. On perçoit dès lors la complexité du langage et ses intrications avec l'écrit, et on comprend mieux que l'orthophoniste puisse proposer une aide efficace aux personnes dyslexiques.

Travaillant spécifiquement dans le domaine du langage oral et écrit, l'orthophoniste fait partie des personnes ressources pouvant aider les sujets dyslexiques. Les orthophonistes suivent une formation basée sur plusieurs disciplines en rapport avec le langage, son développement et ses pathologies. La formation initiale et continue, les pratiques cliniques et les recherches leur permettent d'appréhender les troubles que l'être humain rencontre dans le développement ou le maintien de son langage sur les plans pragmatique, linguistique, psychologique, physiologique, social...

Il est d'ailleurs intéressant de rappeler que la première école d'orthophonie en France fut créée par Mme Borel Maisonny, qui connaissait bien les troubles spécifiques du langage écrit. Elle élabora, en 1960, une méthode phonétique et gestuelle d'initiation à la lecture encore largement utilisée de nos jours. Elle mit ainsi au point 32 gestes descriptifs ayant pour but de faciliter l'apprentissage de l'écrit en créant des associations geste/forme parlée/forme écrite (*cf. question 31*). Cette méthode phonétique et gestuelle permet de favoriser la mémorisation des liens entre les lettres et les sons. Son élève, Mme de Sacy, publia *Bien lire et aimer lire*, une méthode proposant, de façon progressive, la reconnaissance phonétique de chaque lettre, les voyelles d'abord, puis les consonnes constrictives sourdes (sans vibration des cordes vocales, comme /f/, /s/, /ch/) et sonores (avec vibration des cordes vocales, comme /v/, /z/, /j/). Les associations consonne/voyelle sont abordées ensuite. Rapidement, on propose des manipulations de réversibilité (il/li) et les premiers mots à déchiffrer sont choisis en fonction des possibilités d'identification syllabique (« tomate », « il », « lave »…). Actuellement, l'ouvrage *Léo et Léa*, de Thérèse Cuche et Michelle Sommer (orthophonistes l'une et l'autre) propose de son côté une approche analytique, phonétique et constructive. Cette approche doit permettre aux enfants de repérer les phonèmes et d'acquérir des habiletés de manipulation des syllabes tout en accédant au sens des mots et des phrases.

Cependant, ce n'est pas pour apprendre à lire avec une autre méthode que celle de l'école que l'enfant ira chez l'orthophoniste. Ce sera plutôt pour essayer de rééduquer le trouble spécifique du langage qui l'empêche d'effectuer les apprentissages de la lecture et de l'écriture et entraîne son échec scolaire. Les résultats obtenus par les orthophonistes montrent bien que si les problèmes de développement du langage sont identifiés et traités de façon précoce, leur évolution est plus favorable, ce qui permet à l'enfant une meilleure adaptation scolaire. Malgré le côté tenace de la dyslexie, la rééducation orthophonique constitue le traitement indiqué. Cette rééducation doit parfois être associée à d'autres prises en charges : psychomotricité, psychothérapie, orthoptie, traitements médicamenteux… Tout ce suivi ne sera efficace que si la personne dyslexique a le projet d'accéder au savoir transmis par la langue écrite. Si certains enfants affirment que l'orthophonie, « ça sert à guérir la dyslexie », d'autres ont une appréciation plus globale : « ça m'aide, ça me donne confiance ».

70 - Quel est l'intérêt du bilan orthophonique ?

Toute rééducation est précédée d'un bilan orthophonique destiné à évaluer précisément la nature et la gravité des troubles du langage ainsi que leur retentissement sur les acquisitions pédagogiques et sur la vie quotidienne. Cet examen est complexe et comporte plusieurs parties. Il prend en compte l'histoire de l'enfant, recherche les causes spécifiques des difficultés et permet d'analyser finement son langage (*cf. questions 18 et 19*).

Il s'agit tout d'abord de resituer l'historique du développement personnel et langagier de l'enfant et de préciser le moment d'apparition des difficultés. Cet enfant de 7 ans qui ne peut déchiffrer le texte des problèmes a-t-il rencontré des difficultés dans l'acquisition des nombres en maternelle ou dans l'acquisition de la lecture au CP ? Celui qui confond les p et les t en lecture, qui ne parvient pas à écrire sous dictée « cadeau » et « gâteau » avait-il des troubles du langage oral ? Employait-il un mot pour un autre ? A-t-il présenté des otites dans sa petite enfance ? À quel âge a-t-il commencé à parler et comment ? Ces questions sont essentielles pour mieux comprendre la dynamique des troubles qui ont amené les parents à consulter et qui constituent, bien au-delà des mauvaises notes, des signes permettant de comprendre les modes d'apprentissage et les stratégies d'acquisition de l'enfant.

Il est ensuite nécessaire de rechercher s'il existe des causes spécifiques aux troubles. Il faut repérer si l'enfant présente des troubles visuels, auditifs, moteurs ou intellectuels pouvant être à l'origine des difficultés d'acquisition de la lecture. Au cours de l'observation et de la passation des tests, l'orthophoniste sera alerté par des signes d'appel. Les parents seront alors encouragés à demander à leur médecin de les orienter vers des examens complémentaires (audiogramme, examen visuel). Pour connaître la latéralité de l'enfant à tous les niveaux (latéralité neurologique et latéralité fonctionnelle – main, pied, œil) et ses repérages dans l'espace, un bilan psychomoteur est souhaitable. Un bilan intellectuel complet est généralement réalisé lorsque l'on suspecte une dyslexie car il est souhaitable de connaître les possibilités cognitives (attention, concentration, logique, raisonnement, mémorisation) et leur écart par rapport au langage. Il faut analyser comment l'enfant traite les diverses informations, les intègre et les mémorise, de même que la façon dont sa personnalité est structurée. Toutes ces évaluations, effectuées par des spécialistes, permettront de connaître l'acuité auditive, les possibilités visuelles, le développement moteur et la latéralité, les compétences cognitives verbales et non verbales, l'état psychique de l'enfant et permettront d'associer le cas échéant d'autres traitements à l'orthophonie.

L'examen du langage oral et écrit proprement dit se réalise au moyen d'observation et de tests. Il permet de connaître le style langagier de l'enfant, sa compréhension et son expression verbale, de repérer et de chiffrer – par rapport à son âge – ses acquisitions phonologiques, lexicales et syntaxiques, de décrire et d'éclairer son comportement de lecture dans diverses situations. Le but des tests est d'apporter un éclairage le plus complet et précis possible sur les compétences et les potentialités de l'enfant dans le domaine du langage oral et écrit, et d'exprimer des hypothèses sur la nature des troubles.

71 - Quels sont les principaux tests effectués lors d'un bilan orthophonique de langage écrit ?

Depuis Mme Borel Maisonny, les orthophonistes proposent des épreuves de :
— reconnaissance de graphies isolées et conversion en sons : /f/, /p/, /d/, /b/, /i/, /e/, /a/, oi, ou, an… ;
— lecture de syllabes simples, puis complexes : tou, ip, bru ;

— lecture de pseudo-mots : « plouchon », « vafita-ruder »… ;
— lecture de mots réguliers : « voiture », « ami »… ;
— lecture de mots irréguliers : « femme », « automne », « chœur »… ;
— identification de mots courts ou longs.

Ces épreuves permettent d'observer précisément chaque niveau de compétence et d'analyser la mise en jeu des voies d'adressage et d'assemblage (*cf. question 65*).

Des tests standardisés dévoilent la vitesse de lecture, les procédures d'identification des mots, les procédures d'accès au sens, ainsi que les stratégies de compensation que l'enfant utilise. Ces tests permettent d'évaluer la lecture, mais également les compétences cognitives nécessaires à son acquisition. Le plus connu est le test de l'Alouette, créé par Pierre Lefavrais en 1967. Il est composé d'un texte de 265 mots qui mesurent la vitesse de lecture et, en fonction du nombre de mots lus et des erreurs réalisées, indiquent un âge de lecture. Les mots proposés ont chacun un sens, ils existent dans le dictionnaire, mais leur assemblage en phrases est dépourvu de signification, ce qui permet d'observer les processus d'assemblage et d'adressage utilisés par le lecteur. Cette épreuve a été reprise par le Pr Debray Ritzen en 1972 pour proposer une cotation permettant de différencier les dyslexies mineures (moins de 2 ans de retard), les dyslexies moyennes (entre 2 et 4 ans) et les dyslexies majeures (plus de 4 ans de retard).

D'autres tests plus récents, comme le LMC (lecture de mots et compréhension) d'A. Khomsi, permettent, d'une part, d'analyser les stratégies d'identification des mots (phonographiques, iconiques, contextuelles) et, d'autre part, les stratégies de compréhension mises en jeu dans la lecture de phrase. En effet, il s'agit ici de désigner la seule image qui correspond à la phrase écrite.

Actuellement, les orthophonistes utilisent également des batteries de tests comme la BELEC, mise au point par P. Mousty, J. Leybaert et J. Alegria, qui fournissent des informations sur les causes probables des difficultés observées en lecture et en production écrite. Les épreuves de ces tests permettent d'observer la perception fine de la parole par le découpage en unités, des manipulations portant sur les syllabes, les phonèmes, les acronymes auditifs... À l'aide de certains items, l'orthophoniste recueille des éléments sur la mémoire phonologique de travail de l'enfant dyslexique. Ces épreuves fournissent une analyse qualitative rigoureuse des procédures mises en jeu dans le traitement du langage écrit.

72 - Pourquoi évaluer la phonologie ?

Parmi les bases indispensables de la lecture (*cf. question 7*), on trouve les fonctions suivantes : repérer les segments sonores qui constituent la parole, discriminer les sons proches, percevoir les constantes phonologiques (par exemple, percevoir comme identique un même phonème placé dans des contextes différents, trouver des mots qui commencent par le même son, repérer ce que l'on entend au début ou à la fin du mot...). La conscience phonologique est l'aptitude à percevoir et à se représenter la langue orale comme une séquence d'unités ou de segments tels que la syllabe, la rime ou le phonème (ce dernier étant défini comme une unité sonore de base du langage). C'est une compétence que le lecteur doit posséder car elle est incontestablement impliquée dans les processus d'apprentissage du langage écrit. Elle peut être évaluée au moyen de pseudo-mots que l'enfant va répéter (« vafitaruder », « sanzibidélu », « pudounurital », « munignaso »…) ou de mots phonétiquement proches (car/gare, gâteau/bateau, chapeau/chameau) pour lesquels l'enfant doit déterminer si les deux propositions sont identiques ou différentes.

L'orthophoniste propose également des épreuves qui permettent d'observer comment l'enfant manipule des syllabes, repère des phonèmes, élabore des fusions de sons… L'évaluation orthophonique de la représentation des sons du langage (aspect métaphonologique) approfondit l'étude des signes d'alerte. Ces derniers ont parfois été repérés par les médecins pédiatres ou les médecins scolaires lors de tests rapides de vocabulaire, de conscience phonologique, de repérage visuel, de mémoire, de fluence ou d'organisation spatiale.

73 - Que recherche-t-on dans les épreuves de rythme ?

L'organisation temporelle est un processus fondamental du traitement du langage oral et écrit. Dans les années 1960, Mira Stamback a élaboré un test permettant d'évaluer comment un enfant peut reproduire, intégrer et mémoriser des structures rythmiques de complexité croissante. Depuis cette date, différentes recherches ont révélé que les enfants dyslexiques présentent dans les épreuves de rythme des résultats inférieurs à ceux obtenus par les enfants de leur âge. C'est la raison pour laquelle ce type d'examen a été introduit dans des tests prédictifs comme ceux du pédagogue français A. Inizan. Ces tests permettent d'évaluer les compétences des enfants dans les domaines nécessaires à l'apprentissage de l'écrit. Lors de l'épreuve de rythme, l'enfant doit d'une part reproduire des séquences auditives, d'autre part compléter des rythmes visuels. Cette épreuve est très sensible. Lorsque l'enfant y échoue, on propose de mettre en place une sorte de « veille attentive » qui poussera à intervenir rapidement au cours du CP en cas de difficultés.

74 - Comment prendre en compte et évaluer la mémoire ?

Diverses habiletés de la mémoire de travail (ou mémoire à court terme) et de la mémoire à long terme sont impliquées dans la plupart des processus d'apprentissage de la langue écrite. Les tests conduisent à repérer les différences de traitement en mémoire lorsqu'il s'agit de matériel verbal ou non verbal. Mémoire visuelle, mémoire verbale, mémoire auditive et mémoire spatiale sont analysées. Ces différentes mémoires sont activées dans le traitement du langage écrit. La mémoire de travail (couplée à l'attention) est la plus sollicitée dans la lecture et la production d'écrits.

L'orthophoniste évalue les compétences de mémoire de travail par la répétition de mots isolés ou donnés en liste, de non-mots de longueur variable, de phrases, de chiffres, de formes ou de dessins.

75 - Qu'apportent les tests d'évaluation du lexique ?

Les tests d'évaluation du lexique permettent de connaître le stock de mots que l'enfant possède sur les deux versants expression et réception.

Pour comprendre une phrase lue, il faut accéder aux mots qui la composent. Si le vocabulaire de l'enfant est restreint ou si les champs de signification ne sont pas précis, l'enfant aura beaucoup de mal à déchiffrer et à comprendre les textes qu'on lui présente. En 2002, il est plus aisé pour le jeune écolier de CP de lire un texte évoquant « la moto de Belo » que « la pipe de papa » car les mesures antitabac ont rendu obsolète ce vocable autrefois si fréquent dans les manuels de lecture.

L'organisation du vocabulaire en réseaux sémantiques et phonologiques est également essentielle car elle intervient dans les processus d'anticipation et de calcul syntaxique (*cf. question 76*) de la lecture fluide et rapide. Si le vocabulaire de l'enfant dyslexique est peu développé ou insuffisamment développé et structuré, sa lecture sera laborieuse et l'accès au sens difficile. Il faudra le prendre en compte dans la rééducation orthophonique et travailler à développer le lexique en quantité et en structure.

76 - Que recherche-t-on dans les évaluations syntaxiques ?

Pour accéder au sens des phrases, il faut posséder des compétences syntaxiques permettant de comprendre la valeur des mots et de leurs places respectives. Ainsi, pour comprendre l'énoncé « il sait que ses amis sont là », il faut faire la différence entre les différentes réalisations de sè : « sait », « ses »… De même, pour terminer la phrase et anticiper les mots à venir, il faut s'interroger sur le référent du pronom « il » dans la phrase : « l'animal effraie le chasseur parce qu'il… ». Il est nécessaire ici de s'interroger sur ce « il » ; s'il concerne l'animal, on pourra avoir un énoncé du type « l'animal effraie le chasseur parce qu'il est énorme, féroce, sauvage… », s'il se réfère au chasseur la suite sera radicalement différente (« l'animal effraie le chasseur parce qu'il ne lui reste plus de munitions… »). Comprendre les mots et leurs règles d'organisation au sein des phrases permet d'accéder plus automatiquement au sens et de lire plus rapidement les textes (*cf. question 71*).

77 - Pourquoi évaluer les compétences de récit ?

Pour bien comprendre un texte, il faut imaginer que l'écrit retrace généralement le résultat d'une action entreprise précédemment. C'est une narration : lire, c'est entrer dans un autre temps du langage, c'est être confronté à l'absence du narrateur et des personnages des histoires. L'écrit éloigne de l'échange interactif immédiat, de l'ici et du maintenant que l'on trouve dans la communication orale. Il met à distance. Dans le même temps, il rend le langage permanent et visible sous forme d'une trace tangible toujours disponible, qui se prête à toutes sortes d'opérations. L'écrit oblige le lecteur à comprendre autrement les interactions et à préciser ses représentations du monde.

Au-delà du traitement grapho-phonétique qui lui permet de recomposer les mots, le lecteur cherche avant tout à accéder au sens. Il analyse, interprète, comprend l'écrit. Évaluer ces compétences est complexe et délicat. Les tests qui permettent aux orthophonistes d'appréhender cette dimension de l'écrit sont en général des textes courts mais avec un fort implicite (cf. le texte « Pour des prunes » du témoignage d'Étienne, *question 32*).

78 - Pourquoi pratiquer des épreuves visuelles ?

Lire consiste à repérer une suite de signes diversement orientés. Il faut se saisir avec les yeux d'un système graphique réalisé dans un alphabet de 26 lettres parfois complexes sur le plan de la forme. Certaines lettres se différencient par une opposition autour d'un axe – p, q, b, d –, d'autres présentent des points de ressemblances par un trait graphique – f, t, v, r, b, n, h, c, o, a, d… Les oppositions ne sont pas les mêmes suivant les types de graphisme. Les majuscules d'imprimerie sont les plus contrastées, et ce sont celles qui plaisent le plus aux petits enfants. Ils raffolent des A et des E et s'intéressent beaucoup moins aux a, e, p, m…

Au-delà de la reconnaissance des lettres, la lecture fait intervenir toute une organisation neuro-visuelle. Pour s'emparer d'une phrase écrite, le sujet doit fixer son regard sur une suite de signes puis réaliser une poursuite de la ligne dans laquelle des saccades de progression et de régression peuvent être observées, même chez le lecteur expert. En général, le lecteur fixe le milieu du mot puis déplace son regard vers le milieu du mot suivant en négligeant les petits mots de deux lettres.

Ainsi la phrase :

« J'**ét**ais à m**i**lle m**i**les de t**ou**te t**e**rre hab**it**ée » peut comporter 7 à 8 fixations (lettres en gras) et 2 régressions (« miles » et « habitée »).

Il est donc nécessaire d'analyser l'attention visuelle et d'observer les mouvements du regard du lecteur. Des épreuves spécifiques proposées dans les bilans orthophoniques et psychologiques permettent d'évaluer les compétences de repérage à partir de matériel linguistique ou non : formes géométriques, figures enchevêtrées, épreuve de barrage de lettre…

79 - Quels sont les critères de prise en charge orthophonique ?

L'examen du langage écrit doit être le plus complet et précis possible car l'orthophoniste n'intervient qu'en cas de trouble spécifique et non de retard scolaire. Il est donc nécessaire d'évaluer la lecture et la production d'écrits dans divers contextes : lecture de texte en fonction de l'âge et du niveau scolaire, appariement de phrases et d'images, reconnaissance de mots de structure, nature et longueur différente et présentés à des vitesses calibrées, dénomination, recherche d'intrus, écriture sous dictée, production de texte d'après images, récit après lecture…

Il ne s'agit pas d'exercices mais de tests standards, c'est-à-dire qu'ils ont été étalonnés sur des grandes populations d'enfants pour dégager des normes en fonction de l'âge. Ces tests fournissent donc des chiffres, des scores qui portent sur la vitesse de lecture, les types d'erreur, le niveau de compréhension par rapport aux différentes classes d'âge. Au-delà des données chiffrées, qui ne fournissent que des indications ponctuelles par rapport à la complexité de l'acte de lire, l'orthophoniste s'attache essentiellement à comprendre les mécanismes que l'enfant utilise, les stratégies qu'il privilégie. On tente de replacer tous ces éléments dans l'histoire de l'enfant et de ses apprentissages, et c'est l'ensemble de ces aspects qui permet d'évaluer si l'enfant présente une simple difficulté passagère liée à un manque d'apprentissage ou s'il s'agit d'un trouble spécifique d'acquisition du langage écrit relevant d'une prise en charge orthophonique.

80 - Faut-il assister ou non au bilan orthophonique de son enfant ?

En fonction de l'attitude de l'enfant, du niveau d'angoisse des parents et de son expérience personnelle, l'orthophoniste propose ou non aux parents d'assister aux examens de langage. Quand cela est possible, et sous réserve de l'accord de l'enfant, il est plus facile ensuite d'expliquer aux parents la complexité de la lecture et de leur montrer les compétences de leur enfant, ses zones de difficulté, ses stratégies et ses potentialités. Sinon, le parent accompagne l'enfant pour le bilan et se retire dans la salle d'attente le temps des tests d'évaluation.

Le bilan orthophonique permet de dater les performances de l'enfant à un moment donné, et donc d'avoir des points de repère pour des comparaisons ultérieures. Il est intéressant, lorsque cela est possible pour les enfants et les parents, de partager ce moment de diagnostic qui peut être riche d'émotions et d'explications, permettant reconnaissance et réinvestissement : le bilan constitue la première étape du traitement... Cependant, lorsqu'il s'agit d'adolescents ou d'adultes pour lesquels on suspecte une dyslexie, il est préférable de réaliser l'évaluation en tête à tête.

Il y aura ensuite un moment d'échange avec la famille pour entendre le motif de la consultation orthophonique et retracer ensemble les premières années de l'enfant dans le développement de son langage et de ses premières acquisitions scolaires.

Une règle essentielle est à respecter : qu'au moins un des deux parents accompagne l'enfant à ce bilan essentiel pour sa reconnaissance et pour le démarrage de sa prise en charge.

81 - Quels sont les objectifs de la rééducation ?

Il s'agit à chaque fois de s'adapter à l'enfant pour lui apporter une aide « sur mesure », même si l'on se réfère à des modèles théoriques pour comprendre la dynamique et l'organisation des troubles. Chaque rééducation est envisagée comme un problème unique présenté par un enfant spécifique, différent de tous les autres, avec des besoins et des contraintes particulières.

Pour rééduquer le trouble de la lecture, on peut travailler sur les déficits repérés au cours de l'évaluation en tentant de les compenser par une rééducation qui isole la difficulté, tente de la réduire et entraîne l'enfant à mémoriser des procédures lui permettant de contourner l'obstacle. Le but de la rééducation du langage écrit chez le jeune enfant est de lui permettre d'apprendre à lire (identifier les mots et les comprendre) malgré les déficits qui rendent la tâche difficile. L'orthophoniste s'attache donc à développer les compétences existantes chez l'enfant pour lui permettre de compenser ces déficits et le rendre plus autonome.

Puis, rapidement, il faut préparer l'enfant à utiliser la lecture dans le cadre des apprentissages scolaires. Il s'agit de rendre sa lecture et sa transcription fonctionnelles et de lui donner des stratégies pour retrouver les informations dans un texte, les hiérarchiser, comprendre l'essentiel, construire un récit, prendre des notes, utiliser l'informatique et, éventuellement, un correcteur d'orthographe. L'adaptation varie selon les compétences de l'enfant et les nécessités de son niveau scolaire.

Rééduquer, ce n'est pas suivre un programme ou une méthode toute faite, c'est donner à l'enfant ou à l'adulte des compétences de langage écrit, en lecture et en transcription, qui lui permettront de pratiquer les apprentissages et de réaliser ses objectifs personnels et professionnels.

Le but du rééducateur est d'accompagner l'enfant (ou l'adulte) au maximum de ses possibilités en l'aidant à développer et à automatiser un certain nombre de stratégies. Il est important de veiller à ce que l'enfant soit autonome par rapport à ces apprentissages et qu'il puisse, après une phase de découverte et d'appropriation, les appliquer seul, sans l'aide de l'orthophoniste. Il faut donc développer chez lui des processus d'auto-apprentissage qu'il utilisera pendant de nombreuses années.

L'enfant dyslexique-dysorthographique gardera longtemps des difficultés dans le maniement de la langue écrite. Il n'est pas rare que, devenu adulte, il se plaigne encore d'une gêne pour lire certains textes, retenir les noms propres, maîtriser l'orthographe... Il faut le préparer au surgissement de ces moments plus difficiles qui ne doivent ni le décourager ni mettre en question les résultats obtenus.

La rééducation consiste aussi à retrouver confiance et estime de soi, restaurer des compétences d'apprentissage et accéder au plaisir de lire et d'écrire. C'est pourquoi ce travail ne peut se faire que dans un partenariat entre l'enfant, ses parents, le rééducateur et l'école. Le dépistage des troubles et la rééducation doivent être précoces pour ne pas compromettre la scolarité de l'enfant. Il s'agit de lui donner de meilleures chances d'accès aux apprentissages et de ne pas déclencher d'auto-appréciations négatives.

82 - Comment se sont mises en place les différentes méthodes de traitement de la dyslexie ?

Élaborées depuis les années 1950, diverses techniques rééducatives ont vu successivement le jour. Elles ont d'abord proposé des approches phonétiques et gestuelles permettant un travail sur les correspondances grapho-phonologiques. Ainsi, Mme Borel Maisonny (*cf. questions 31 et 69*) a élaboré un système d'associations entre un phonème, une représentation symbolique et un geste. On obtient alors une discrimination auditive fine et précise des sons du langage parlé et une compréhension du codage de l'écrit.

Au cours des années 1970, les rééducations se sont éloignées d'une pédagogie de la lecture pour se rapprocher des psychothérapies (*cf. question 62*). On tente, à partir de la relation créée avec l'enfant, de rétablir l'acte de lire et d'écrire dans les activités de langage et de communication permettant un réinvestissement positif de la lecture. Les méthodes utilisées alors travaillent autour d'associations libres de mots proposés alternativement par l'enfant et le rééducateur, comme la technique des associations de la pédagogie relationnelle du langage de C. Chassagny. (L'enfant écrit un mot, puis le rééducateur en propose un autre et, par associations d'idées, des listes se forment.)

Une autre technique de base, celle du « texte libre », consiste à inviter la personne dyslexique à exprimer spontanément par écrit « ce qu'elle veut sur ce qu'elle veut ». Ces thérapies spécialisées

(D. Dubois, M. Lobrot, A. Mucchielli-Bourcier…) se différencient des approches psychologiques car elles ne recherchent pas une interprétation du symptôme. Leur objectif est d'améliorer le langage en créant chez l'enfant le besoin et le désir de vouloir dire, lire et écrire.

Certaines démarches des années 1980 se sont centrées sur une approche auditivo-verbale. La sémiophonie, méthode inventée par Isi Beller, utilise un générateur de bruits (le lexiphone) permettant à l'enfant de déconditionner les mauvais automatismes développés lors des premières phases de l'acquisition du langage. Alfred Tomatis avait précédemment proposé une approche spécifiquement basée sur l'écoute. Il émettait l'hypothèse de l'existence d'une oreille paternelle et d'une oreille maternelle. La difficulté à l'origine des troubles du langage, et notamment de la dyslexie, venait selon lui de la gêne rencontrée par l'enfant pour faire le lien entre les sons entendus in utéro et ceux qui berçaient ses premiers temps de vie après son arrivée au monde. Il proposait donc une rééducation fondée sur l'écoute : il s'agissait de faire entendre à l'enfant, jusqu'à ce qu'il réussisse son accouchement sonore, des musiques et des voix filtrées, par analogie aux filtres occasionnés par la peau et le liquide amniotique lors de la vie intra-utérine.

Au début des années 1990, l'orthophoniste Béatrice Sauvageot crée une association nommée « Puissance Dys ». Cette association regroupe une équipe pluridisciplinaire de thérapeutes et d'artistes. Elle propose aux dyslexiques de transformer leur symptôme en expression créatrice. La démarche thérapeutique, baptisée « Sensonaime » (sens on aime), se fonde sur un travail autour du son, du sens, de l'espace, du rythme et de la créativité.

Depuis une dizaine d'années, les méthodes de traitement de la dyslexie influencées par la neurologie ont été orientées vers des approches inspirées de la neuro-psychologie cognitive (*cf. question 63*), avec un travail spécifique de traitement de l'écrit suivant le type de dyslexie (*cf. questions 66 à 68*) et les ressources cognitives de la personne dyslexique. Ainsi, si l'évaluation initiale a mis en évidence un trouble de la conscience phonologique, l'orthophoniste travaillera la perception auditive, l'identification des sons et le codage phonologique du langage à travers un entraînement à segmenter, manipuler, fusionner…

Un autre travail intéressant consiste à utiliser la rime et chercher des mots qui riment avec un son cible. Le matériel peut être proposé sous une forme audiovisuelle avec certains logiciels. On cherchera également à entraîner l'enfant à déterminer le nombre de syllabes en segmentant des mots de longueurs différentes, à identifier une syllabe cible dans divers mots, à isoler puis fusionner des syllabes pour former des mots nouveaux. Un travail identique sera réalisé sur le phonème.

Avec le développement de l'hypothèse temporelle à l'origine des troubles de la lecture (*cf. question 47*), on a vu apparaître des logiciels spécifiques. La méthode la plus connue est celle de Paula Tallal, qui repose sur des exercices quotidiens d'entraînement intensif d'écoute de sons modifiés sur le plan temporel. Le signal de parole est étiré (rallongé) de sorte que l'enfant prenne bien conscience des différences phonologiques. Puis, en fonction de l'évolution de l'enfant avec cet entraînement intensif, les valeurs proposées se rapprochent de la normale. Dans ce type d'approche, les contraintes sont lourdes (travail quotidien à la maison), et la preuve des résultats n'a été révélée que pour un petit nombre d'enfants. Ces méthodes ont été reprises, adaptées et modifiées par l'équipe du Dr Habib de Marseille. De leur côté, Liliane Sprenger Charolles et W. Serniclaes (tous deux linguistes) travaillent à la conception de logiciels permettant de reformater les catégories phonémiques et d'aider l'enfant à maîtriser le système phonologique.

Suivant les situations, les orthophonistes ont également recours à des supports kinesthésiques (perceptions corporelles laryngées : ainsi, pour que l'enfant différencie /f/ de /v/, on peut lui faire sentir les vibrations des cordes vocales en posant les mains sur le cou) ou à des renforcements par des supports visuels (visualisation de la parole au moyen de logiciels informatiques, miroir, lecture labiale, dessins figuratifs).

Si l'évaluation initiale a révélé un trouble de la voie d'adressage (reconnaissance directe des unités-mots), il s'agira de développer le lexique orthographique visuel pour améliorer la reconnaissance des mots. L'objectif est d'aider l'enfant à se constituer une image orthographique stable lui donnant un accès direct au code sémantique. On lui propose donc de se représenter les mots, de les faire exister mentalement en les imaginant écrits dans des lieux différents – plafond, écran de cinéma… – et dans un type de graphisme déterminé. On peut également lui faire lire le mot présenté sous diverses formes – étiquette, mot surligné, inscription sur l'écran de l'ordinateur –, puis lui demander de l'épeler à l'endroit ou à l'envers sur des rythmes et des timbres différents, de l'utiliser dans des phrases spontanées, de l'écrire en fermant les yeux… Les enfants ayant une mauvaise conscience orthographique tirent bénéfice de jeux d'observation dans lesquels ils essaient de rappeler l'orthographe du mot entier ou une lettre désignée ou un groupe de lettres dans une présentation rapide du mot. On travaille également sur les points de fixation du regard en proposant des textes avec des marques graphiques spécifiques. Comme les dyslexies sont souvent mixtes, les deux approches sont généralement abordées.

Quelles que soient les formes de dyslexie, l'orthophoniste travaille également la flexibilité, l'anticipation, la créativité, l'interprétation pour rendre compte de la complexité des activités de lecture (il peut faire deviner à l'enfant la fin d'une phrase, en cacher certaines parties…). Par ailleurs, les modèles à deux voies sont certes trop réducteurs, mais ils ont l'avantage de clarifier les processus réellement engagés dans certaines tâches, de fixer des objectifs, d'établir des priorités dans les axes rééducatifs.

83 - Quelles sont les phases de la prise en charge des dyslexiques : de la première séance au sevrage

Le bilan orthophonique constitue la première étape de la prise en charge. Il permet à l'enfant (ou l'adolescent ou l'adulte) de comprendre la nature de ses difficultés et d'exprimer une demande par rapport au traitement. Lors des premières séances, une démarche dynamique est donc déjà engagée. L'objectif initial de l'orthophoniste est d'informer l'enfant sur le langage, la lecture et l'écriture d'une façon adaptée à son histoire, à ses interrogations, à ses pratiques de l'écrit, afin de le rendre expert de la question.

Le terme de dyslexie évoqué à l'issue du bilan peut être repris, discuté, illustré pendant les séances. La mise en pratique d'un travail spécifique (évocation de mots, travail d'écoute, fluence phonétique, accès syllabique, écriture dans l'espace…) situe le travail rééducatif dans le domaine des processus cognitifs et créatifs au sein d'une relation privilégiée. Ce travail hebdomadaire, établi sur une relation spécifique, s'appuie sur des techniques comme le cahier d'orthophonie. Ce support personnel à chaque enfant, choisi en commun avec les parents, permet au jeune dyslexique de situer son travail rééducatif dans une perspective claire. La façon dont ce cahier est présent ou oublié témoigne de la motivation et de l'implication de chacun, qui se modifie souvent au fil du temps.

Après cette phase de démarrage, qui occupe environ 5 séances, la confiance initiale, créée au moment du bilan orthophonique, débouche sur une vraie relation sécurisante. Un rythme s'installe, des progrès et une certaine assurance apparaissent. Il est parfois difficile de faire comprendre, tout autant au jeune dyslexique qu'à ses parents, que les résultats en classe et en rééducation ne s'effectuent pas au même rythme. Alors qu'en orthophonie, l'enfant commence à pouvoir lire, voire écrire, les dictées scolaires affichent toujours des zéros et les livrets scolaires sont parfois peu améliorés pendant les premiers mois.

Mais au bout d'un temps plus ou moins long (de quelques mois à quelques années), quand les résultats sont satisfaisants, quand le jeune a retrouvé une aisance fonctionnelle conjuguée à un désir et une certaine autonomie par rapport à l'écrit, que ses résultats scolaires sont conformes à ses possibilités et à ses attentes, il faut savoir arrêter. Ce moment est toujours important, il est décidé et préparé en commun. Il s'appuie sur des évaluations fines et précises qui permettent de situer le jeune par rapport à sa dynamique d'acquisition, aux compétences maîtrisées et à ses projets.

84 - Quel est le rythme des séances selon le type de dyslexie et/ou les phases du traitement ?

Dans les dyslexies dysphonétiques mineures, dépistées en tout début de CP, la rééducation peut être brève, même avec une seule séance hebdomadaire. Il n'est pas rare qu'en 3 mois de traitement avec un entraînement spécifique de la conscience phonologique, le trouble soit considérablement amélioré, voire totalement rééduqué. Dans cette situation, on maintient tout de même un bilan orthophonique annuel pour s'assurer que tout va bien. On entreprend éventuellement une nouvelle série de séances si des difficultés réapparaissent, ou si des troubles se manifestent secondairement en orthographe ou dans les mathématiques (en CE1 ou CE2 par exemple).

Pour les dyslexies dysphonétiques graves, ou encore les formes visuo-attentionnelles ou mixtes (*cf. questions 66 à 68*), la rééducation dure généralement plusieurs années. Il est parfois nécessaire, dans certaines phases du traitement, d'effectuer 2 à 3 séances de rééducation par semaine. Il est alors impératif d'obtenir un projet avec l'école, car les diverses actions thérapeutiques spécialisées constituent une charge de travail supplémentaire importante. Dans certains cas, en fonction des demandes scolaires, l'enfant est déchargé de certaines matières et l'on peut organiser des séances d'orthophonie pendant ces plages horaires. À certains moments de l'histoire scolaire de l'enfant, le décalage est si important que l'enfant ne peut plus suivre l'école. Il est parfois orienté vers des instituts spécialisés où la prise en charge peut se dérouler sous forme de stages intensifs, avec des séances individuelles et des séances collectives.

85 - Quelle est la durée d'une prise en charge orthophonique ?

La dyslexie est un trouble complexe et son traitement n'est pas toujours simple. La rééducation peut revêtir des formes, des rythmes et des durées variables en fonction de la nature du trouble, de l'âge au moment du diagnostic, de l'investissement de l'enfant et de la famille.

La durée d'une thérapie de la dyslexie peut varier d'un trimestre à quelques années. Lorsqu'il s'agit d'une dyslexie dysphonétique diagnostiquée dès le début du CP, le traitement peut porter ses fruits en quelques mois. Lorsque le tableau est plutôt celui d'une dyslexie mixte (*cf. question 68*), dépistée et reconnue chez un enfant de CE2, il n'est pas rare que le traitement prenne plusieurs années. Les dyslexies dépistées tardivement s'avèrent tenaces et sont souvent accompagnées de difficultés psychologiques car l'adolescent ou l'adulte dyslexique a accumulé des sentiments négatifs et développé toutes sortes de stratégies d'évitement de l'écrit.

Parfois, la rééducation menée en CE1 et CE2 a permis de surmonter les difficultés initiales et d'obtenir un développement harmonieux du langage écrit aux niveaux requis à ce stade des apprentissages fondamentaux. Mais il sera peut-être nécessaire de reprendre un travail orthophonique en début du secondaire ; le jeune élève peut alors se sentir d'emblée très motivé et en confiance, compte tenu des résultats obtenus précédemment avec cette aide spécialisée.

86 - Quelle est la spécificité thérapeutique de l'orthophoniste ?

La prise en charge orthophonique est spécifique en ce sens qu'elle s'adresse à une personne particulière, dans un environnement donné, avec des objectifs et des techniques précis. Il s'agit la plupart du temps d'une action individuelle, basée sur une relation sécurisante et inscrite dans une réalité temporelle. La sanction de la note n'existe pas et toute tentative ou amorce d'amélioration est fortement encouragée et valorisée.

La demande de l'enfant, la confiance des parents conjuguées aux compétences relationnelles et techniques de l'orthophoniste constituent les éléments de réussite de la prise en charge orthophonique qui portera, en fonction du bilan initial, sur des aspects particuliers (phonologiques, visuels ou les deux…). Elle ne se réalise pas en fonction d'une progression extérieure à l'enfant mais selon ses potentialités, afin de lui permettre d'atteindre son autonomie.

87 - Quels sont les liens entre la dysorthographie et la dyslexie ?

La dysorthographie est un trouble spécifique et durable de la production écrite portant sur l'orthographe d'usage et sur l'orthographe grammaticale. Elle peut parfois être associée à une dysgraphie (trouble du graphisme) traduisant des difficultés gestuelles associées.

On évoquait il y a quelques années l'entité dyslexie/dysorthographie comme un trouble associé de la lecture et de l'orthographe, trouble tenace qui entrave la scolarité de l'enfant. En effet, la plupart du temps, les dictées apparaissent aussi troublées que la lecture. L'enfant éprouve les mêmes difficultés à réaliser les conversions des sons en lettres quand il doit réaliser une dictée que lorsqu'il procède à l'opération inverse, c'est-à-dire quand il doit lire. On retrouve alors dans la production écrite les mêmes confusions qu'en lecture : inversions, confusions, difficultés de réalisation des transcodages grapho-phonétiques. Par ailleurs, l'orthographe apporte une complexité supplémentaire avec les lettres doubles, les règles d'accord, le caractère arbitraire de certaines graphies. En fait, la maîtrise de l'orthographe est encore plus exigeante que celle de la lecture et nécessite des processus cognitifs supplémentaires. Il est nécessaire de repérer les natures et catégories de mots, de se souvenir de la forme de nombreux mots d'usage… Quand la dyslexie et la dysorthographie sont associées, on voit apparaître plus rapidement des progrès en lecture qu'en orthographe au cours des premiers temps de la rééducation.

Parfois, la dysorthographie semble exister isolément. L'enfant ou l'adolescent est un bon lecteur. Il accède aisément à des écrits de tous types (histoire, géographie, littérature, texte de philosophie ou traité de physique, roman…), mais ses copies sont truffées de fautes qui les rendent parfois quasi illisibles et entraînent un cortège de notes déplorables dans diverses matières en fonction des exigences des différents enseignants. Les copies ou les e-mails des étudiants constituent parfois des modèles exemplaires. De quoi s'agit-il ici ? D'un trouble de l'attention qui fait que le sujet ne contrôle pas sa production écrite ? D'un trouble spécifique lié à un mauvais apprentissage ? D'une dégradation des acquis ?

Il ne semble pas exister, en l'état actuel des connaissances, de réponse précise à ces questions. Mais on observe des cas de trouble de l'orthographe sans trouble de la lecture associé.

88 - Le traitement de la dysorthographie est-il spécifique ?

L'orthographe est complexe. En français, il ne suffit pas de maîtriser les conversions de phonèmes (unité sonore de base du langage) en graphèmes (lettre ou groupe de lettres) pour bien connaître les subtilités de la langue écrite car d'autres complexités s'y cachent. À l'inverse de l'italien ou de l'espagnol, qui sont des langues dites transparentes (c'est-à-dire que les mots s'écrivent en général comme ils se prononcent), le français comporte de nombreux mots irréguliers. De plus, les règles d'accord se fondent sur les relations des mots entre eux en fonction de leur nature (le verbe s'accorde avec le sujet et ce dernier varie en genre et nombre). Elles peuvent donc se prêter à diverses applications quand la structure sémiotique de la langue n'est pas bien assimilée et que le sujet tente d'appliquer une logique systématique au code écrit. Ainsi, mettre au pluriel la phrase suivante : « cet été, on a vu une étoile de mer sur le sable » ne peut se résumer à la simple application de la règle des s, qui donnerait « ces étés ils ont vu des étoiles des mers sur les sables »...

Dans la dysorthographie, le trouble concerne fréquemment l'orthographe d'usage et l'orthographe grammaticale. Pour l'orthographe d'usage, il apparaît d'évidence que l'enfant ne peut augmenter son stock de mots en lexique interne que s'il les rencontre souvent, s'il est motivé pour leur emploi et s'il les utilise fréquemment, c'est-à-dire s'il lit et écrit. Quant à l'orthographe grammaticale, le problème est complexe. En général, le sujet dysorthographique connaît ses règles mais il ne les applique pas par défaut de compréhension fine de la logique qui les sous-tend.

Si un déficit de mémoire a été mis en évidence lors du bilan initial de dysorthographie, l'orthophoniste s'attachera à trouver des moyens de développer le stock de mots d'usage. On proposera la création d'un dictionnaire personnel, on stockera les 100 mots les plus fréquents invariables (« et », « avec », « le », « beaucoup », « dans », « comme »…) et on favorisera l'emploi de ces mots dans divers contextes.

Le traitement de la dysorthographie consiste à rendre la langue écrite vivante pour le sujet et à lui permettre d'utiliser le code, les règles et les lois qui la gouvernent tout en lui révélant la liberté créatrice qu'elle autorise.

89 - Quels résultats peut-on attendre dans le traitement de la dysorthographie ?

Encore plus que la dyslexie, la dysorthographie est mouvante et complexe. Ses formes sont variables et nécessitent du temps pour être traitées. L'expression orale et l'expression écrite ne sont pas gouvernées par les mêmes lois. L'enfant n'y entre pas de la même manière. Le langage oral révèle l'intégration des notions de temps, des formes négatives, des pluriels… par des emplois approximatifs plus ou moins rectifiés par l'entourage sans sanction négative. L'écrit est pour sa part appris, enseigné et corrigé dans un petit espace (celui de l'interligne, dans un cadre scolaire), à travers une relation de groupe, avec des exercices qui favorisent plus la mémorisation que la compréhension et l'emploi diversifié des formes pour une appropriation réelle.

La rééducation orthophonique de la dysorthographie permet à court terme de rendre l'enfant interrogateur vis-à-vis de la matière écrite qu'il produit. Cette attitude lui permet de s'approprier en profondeur, et de façon fonctionnelle et précise, les structures de la langue. Dans les premières classes (CP et CE1), le travail consiste à libérer l'enfant par rapport à l'écrit, à l'encourager à s'exprimer ainsi et à commencer la mise en place de repérage de la nature des mots (essentiellement nom, verbe, adjectif) qui lui permettront de structurer les premières règles d'accord. À partir du CE2, l'enfant est parfois désorienté et déçu par la lenteur de l'écrit, l'ampleur des contraintes et la complexité du code. On peut alors lui suggérer de proposer des « textes » à l'adulte : l'enfant verbalise un récit et contrôle en direct la production écrite qu'en propose l'adulte scripteur. Cette situation lui permet de développer des procédures d'attention spécifique à la matière écrite, de découvrir des manières de rédiger et d'acquérir par auto-apprentissage des méthodologies. On observe, lorsqu'on propose à l'enfant de mettre en œuvre la même procédure non plus avec un adulte mais avec un ordinateur, qu'il développe une attention spécifique à la forme écrite, aux mots et aux phrases qui transmettent sa pensée. Il devient le maître de sa production. La plupart du temps la production est nettement améliorée par le recours au clavier et à l'écran, qui donne à l'enfant le temps d'activer ses processus de mémoire et lui fournit une image nette de sa production.

90 - Comment l'orthophoniste travaille-t-il en réseau avec d'autres spécialistes ?

La prise en charge orthophonique de la dyslexie (qu'elle soit ou non associée à une dysorthographie) se réalise souvent de façon pluridisciplinaire avec divers intervenants – médecin, psychomotricien, psychologue – qui apportent tous des éclairages sur le trouble spécifique. L'objectif est de proposer à l'enfant à chaque moment de son histoire les aides les plus adéquates en fonction de son ou ses trouble(s) et des contraintes extérieures (notamment scolaires).

Parfois, après le bilan initial, les difficultés d'orientation dans l'espace et le temps sont si envahissantes qu'il est nécessaire de mettre un accent spécifique sur le travail en psychomotricité (*cf. question 22*). Parfois, le découragement de l'enfant est tel qu'aucun travail ne peut être engagé tant il a perdu confiance en lui. Les divers intervenants veillent, à travers la confrontation des éléments recueillis dans les évaluations langagières, psychomotrices et psychologiques, à déterminer l'organisation des prises en charge : psychomotricité puis orthophonie, ou prise en charge concomitante. Lorsque les troubles spécifiques de l'écrit ont envahi le développement psychique de l'enfant, le travail psychologique s'inscrit en priorité. C'est alors en liaison avec le médecin, le psy, les parents, l'enfant et l'orthophoniste que le déroulement de la prise en charge est organisé. Il s'agit en effet de créer un réseau qui travaillera en partenariat afin d'assurer une cohérence des actions en faveur de l'enfant. Le jeune dyslexique se trouve alors au centre d'un dispositif qui veille à lui proposer des aides et des soutiens adaptés.

En fonction de l'enfant, du type de dyslexie qu'il présente et de la réponse de l'environnement, l'évolution n'est pas la même dans les différents domaines.

Les liens entre l'orthophoniste et les divers intervenants instaurés dans la phase d'évaluation doivent se poursuivre pendant la prise en charge pour mieux comprendre la dynamique de l'enfant. Parfois, une fenêtre thérapeutique est décidée car on ne peut plus attendre d'amélioration immédiate. Les séances d'orthophonie peuvent alors être suspendues pendant quelques mois. Elles reprendront quand l'enfant sera engagé dans une nouvelle dynamique évolutive.

91 - Comment les orthophonistes peuvent-ils collaborer avec les enseignants ?

L'objectif de la prise en charge orthophonique est d'aider l'enfant ou l'adolescent dyslexique à acquérir suffisamment de compétences en lecture/ écriture pour développer les apprentissages scolaires et accéder à une autonomie dans ses pratiques de la langue écrite. Il est donc intéressant de coordonner le travail spécialisé et la demande scolaire. Parfois, le décalage est important car « l'enfant de l'école » peut apparaître très différent de l'enfant vu en individuel. Les situations sont très diverses : il arrive que les pédagogues contestent le diagnostic de dyslexie, considérant l'enfant avant tout comme paresseux ou peu motivé et les parents comme angoissés ou complaisants. Parfois, au contraire, ils ont été les premiers à repérer les difficultés particulières de l'enfant et à orienter les parents vers des professionnels spécialisés. Dans cette dernière situation, la collaboration est souvent immédiate. Après la réalisation des examens du langage, l'orthophoniste échange avec l'enseignant au sujet des divers éléments recueillis par l'évaluation, ce qui donne une vue plus complète de la problématique, oriente le traitement et fixe des objectifs. Dans certaines équipes hospitalières référentes, des questionnaires sont adressés aux enseignants qui fournissent des renseignements très utiles sur le comportement de l'enfant en groupe et sur ses acquisitions dans les divers domaines pédagogiques.

La question de la transmission du compte rendu écrit du bilan orthophonique pose souvent question. Il faut rappeler à ce sujet que l'orthophoniste est un professionnel de santé soumis au secret professionnel, et que les seuls destinataires autorisés des comptes rendus sont les parents et le médecin. L'usage qui en sera décidé ultérieurement par les parents ou le médecin est de leur responsabilité. Mais généralement, au-delà des mots écrits qui ne peuvent traduire qu'un état à un moment donné, dans une situation précise mais brève et particulière, c'est l'échange réel entre l'orthophoniste et le pédagogue qui est le plus riche d'informations utiles pour l'enfant et sa prise en charge.

La collaboration est le plus souvent bénéfique pour l'enfant et sa famille. Elle peut prendre diverses formes. Quand la dyslexie est reconnue, un projet d'intégration peut être requis (*cf. questions 110 et 111*). Il permettra l'établissement d'un contrat signé par la famille et les divers intervenants, fixera des objectifs pédagogiques et thérapeutiques, proposera un calendrier de rencontres annuelles (généralement une par trimestre).

Le projet d'intégration :
un travail de concertation

E., âgé de 11 ans, est scolarisé en classe de 6e malgré une dyslexie sévère. Dans le cadre de son projet d'intégration, il bénéficie d'un tiers de temps supplémentaire pour les contrôles. Les divers intervenants se réunissent régulièrement. Cela permet ainsi à son professeur de français, lors d'une réunion de concertation, d'exprimer qu'il lui semble indispensable pour son jeune élève de connaître au moins les mots clés de la leçon. Il interroge l'orthophoniste sur le moyen de corriger le travail d'E., qui est quasiment illisible malgré la mesure dont il bénéficie déjà.

92 - Comment l'orthophoniste accompagne-t-il les parents tout au long du traitement ?

Une des clés de la réussite de la prise en charge des dyslexies réside dans le soutien parental. L'enfant a besoin d'être soutenu, compris, épaulé. Il convient donc d'informer la famille de la réalité des troubles dont il souffre et de la façon dont son entourage peut l'aider.

L'orthophoniste s'attache à informer la famille de la réalité de l'acte de lire. Pour le parent lecteur, voire bon lecteur, les difficultés de son enfant dyslexique apparaissent mystérieuses. Le bon lecteur lit comme s'il avait toujours su lire, il ne connaît pas les procédures qu'il utilise pour repérer les mots et accéder au sens : tout lui paraît évident. Il faut donc expliquer, informer, détailler les mécanismes de la lecture et de l'écriture, révéler les stratégies que l'enfant utilise, montrer les efforts qu'il accomplit. Sans transformer les parents en professionnels, il est intéressant de leur donner un maximum d'information sur les procédures de lecture (adressage, assemblage). On observe alors qu'ils deviennent de véritables partenaires capables d'utiliser des situations de la vie courante pour renforcer et dynamiser l'utilisation de la lecture par leur enfant.

Les parents demandent souvent à être guidés pour faire aussi quelque chose à la maison. On peut alors détailler, d'après le point de vue orthophonique, ce qui convient à leur enfant et renforce ses processus de lecture et d'écriture.

VII

La dyslexie au quotidien

93 - Quand consulter un orthophoniste ?

La dyslexie est un problème sérieux qu'il convient de prendre en compte. La moindre suspicion de dyslexie, qu'elle émane du milieu familial ou du milieu scolaire, doit être prise au sérieux. Les orthophonistes occupent une place spécifique dans le dispositif de dépistage (*cf. question 69*). Si le médecin scolaire a repéré des signes de dyslexie, il faut rapidement pratiquer un bilan orthophonique complet qui comporte en premier lieu une évaluation fine et précise du langage oral et écrit de l'enfant. Le diagnostic est à la base de la prise en charge, qu'elle soit orthophonique, psychologique, neuropsychologique ou psychomotrice… Dans les éléments qui contribuent au diagnostic, quel que soit l'âge de l'enfant, le bilan orthophonique complet est essentiel. Il permet de situer le niveau de langage oral et écrit, et d'envisager les traitements adéquats (*cf. question 70*).

94 - Peut-on prévenir la dyslexie ?

Il semble à ce jour difficile de prévenir une dyslexie. La meilleure action est celle d'un diagnostic
précoce et d'une mise en pratique d'actions appropriées dès que le risque de dyslexie est posé. Il
faut agir dès que les parents s'inquiètent pour leur
jeune enfant. Si l'on repère un trouble de la conscience phonologique, il faut le prendre en charge
et le rééduquer avant même que l'enfant ne soit
confronté à l'apprentissage de la langue écrite...
L'idée d'attendre que l'enfant ait deux ans de
retard en lecture pour entreprendre une rééducation n'est pas acceptable.

La prévention initiale consiste à favoriser un
développement harmonieux du langage oral et à
faire vivre la lecture par une sensibilisation au langage écrit. En fait, l'enfant s'approprie l'écrit
avant de devenir un lecteur autonome. Il commence ce voyage quand il prend l'habitude de se
faire lire des histoires (découverte de l'acte, de la
situation, de la réalité de l'acte de lire...), quand il
réclame qu'on lui lise ses contes préférés (mémorisation), quand il observe et interroge un adulte qui
lit ou qui écrit (désir d'accéder à une activité qui
semble plaisante).

Les expériences positives de pseudo-écriture
favorisent le développement durable de l'écrit.
Repérez les moments où l'enfant s'intéresse à
l'écrit pour lui proposer des reconnaissances et des
productions qui lui permettront d'entrer dans cette
notion de trace personnelle, d'inscription de soi sur

la feuille, de spécificité de l'écrit. D'emblée, révé-
lez-lui la diversité des écrits (de la lettre au père
Noël à la signature sur le ticket de carte bancaire,
sans oublier les SMS…), leurs rapports avec le langage, leurs mystères et leurs charmes, tout autant
que leur valeur informative.

95 - Comment réagir face aux troubles
de l'attention ?

La plainte attentionnelle est souvent exprimée par
l'entourage de la personne dyslexique. Pour le lecteur expert, il semble qu'il suffise de prêter attention
aux mots pour pouvoir les déchiffrer sans erreur.
En fait, la neuropsychologie révèle qu'il peut exister des troubles de l'attention malgré une motivation réelle et importante du sujet. Les dyslexiques
échouent globalement aux divers tests attentionnels
et plus spécifiquement aux tests d'attention soute-
nue visuelle et auditive. Quand ils parviennent à des
scores proches de la norme, le temps d'épreuve est
généralement dépassé, ce qui témoigne du coût
cognitif important requis pour obtenir le niveau
d'attention nécessaire à l'accomplissement de la
tâche proposée.

Reconnaître la réalité du trouble de l'attention
est fondamental. Cela conduit à ne plus reprocher
au sujet dyslexique de ne pas se concentrer mais,
au contraire, à mettre en place l'environnement
adéquat. Il pourra ainsi fixer spécifiquement son
attention sur une procédure lui permettant d'accéder au mot, ou encore travailler à éviter de relâcher
sa concentration.

96 - Quelles sont les attitudes motivantes pour générer l'attention ?

La mobilisation de l'attention peut être considérée comme le stade initial de tout travail cognitif (d'acquisition de la connaissance). Elle est fortement conditionnée par la motivation. Les parents sont en général heureux de découvrir combien leur enfant est attentif quand il écrit son prénom ou quand on lui lit son histoire préférée.

Pour les neuropsychologues, « le fait de porter attention à une cible et de la traiter sémantiquement la rend plus distincte et la trace mnésique correspondante sera plus aisément repérable ».

Pour Antoine de la Garanderie, un ingénieur devenu formateur, « être attentif », c'est faire exister le monde dans notre tête, le faire vivre en nous et pouvoir l'évoquer mentalement.

Les attitudes efficaces pour générer l'attention comportent trois phases :
— la mise en projet (« Je vais écrire ») ;
— la phase d'acquisition pendant laquelle tous les capteurs sensoriels sont actifs (« J'écoute le mot que je dois écrire ») ;
— la phase de visualisation mentale (« Je vois le mot dans ma tête avant de l'écrire »).

L'attention est conditionnée par la motivation et l'attitude active du sujet. Elle est également sensible aux attentes de l'environnement et à la charge affective.

97 - Comment lui donner le goût de lire ?

Les parents sont souvent étonnés que leur enfant, qui appréciait tant la lecture d'une histoire chaque soir, ne prenne pas plaisir à lire quand il entre en CP. C'est que le choc est rude. L'enfant est souvent surpris de ne pas retrouver cette bulle de plaisir et de sécurité qu'il connaissait face à l'objet livre et à la situation de lecteur. Comment imaginer, rêver et s'émouvoir lorsqu'on doit péniblement découvrir des mots et associer des consonnes et des voyelles...

Voici quelques recommandations fondamentales aux parents d'enfants (dyslexiques ou non) pour donner ou conserver le goût du livre et de la lecture :
– Continuez à leur lire des livres.
– Faites-leur part de vos souvenirs de lecture : votre livre d'apprentissage, le premier lire que vous avez dévoré...
– Partagez vos impressions et émotions de lecteurs.
– Proposez toutes sortes d'écrits.

---

98 - Comment éviter que l'enfant ne se décourage face à la lecture ?

Continuez à lire des histoires à votre enfant même s'il est déjà en CP, et même après. Choisissez un moment où vous êtes disponibles tous les deux, installez-vous à ses côtés et lisez le livre en suivant avec votre doigt les mots que vous prononcez. Progressivement, proposez de la lecture alternée. Parlez-lui des livres que vous aimez actuellement, que vous avez aimés à son âge. Montrez-lui concrètement dans le quotidien que vous êtes réellement lecteur et tout le bénéfice que vous en retirez. Demandez-lui des renseignements qu'il peut chercher dans des programmes, des annuaires…

99 - Comment créer des motivations pour l'aider à faire évoluer son langage écrit ?

Pour lire et écrire, il faut un projet personnel. C'est souvent par ce biais que l'enfant peut (ré)investir le langage écrit. Le cahier d'orthophonie, les feuilles blanches ou le dossier informatique peuvent devenir des objets au moyen desquels le dyslexique exprime sa pensée en mots. Cette possibilité constitue souvent une motivation profonde pour le dyslexique, qui peut se révéler avec certains supports quasiment « graphomane ». Ainsi, on a vu des jeunes dyslexiques écrire de nombreuses pages dans leur dossier informatique avec la certitude de conserver, grâce au correcteur d'orthographe et à la relecture, un écrit sans ratures, bien présenté, agréable à retrouver et à relire. Pour certains dyslexiques, le recours à la forme poétique est un vrai régal.

Quand l'enfant a atteint un niveau de base dans le déchiffrage et les procédures d'assemblage (*cf. question 65*), on le motive à la lecture autonome : on lui propose des livres qui toucheront son intérêt, sa curiosité et sa sensibilité, et seront accessibles à ses compétences actuelles de lecteur. On peut l'abonner à des journaux de son âge, lui révéler que, s'il sait lire, il peut choisir son programme télévisuel favori, déchiffrer seul les messages qu'on lui adresse : ce sont des moyens de lui faire réinvestir l'acte de lire et souvent d'y redécouvrir autonomie et plaisir.

100 - Doit-on faire des dictées régulièrement à la maison ?

Il faut aider son enfant à faire des dictées tant qu'elles font partie du programme scolaire, c'est-à-dire, si besoin, du CP à la 3e. Mais attention, danger ! Si vous lui faites refaire deux fois une dictée dans laquelle il a déjà, en classe, réalisé plus de 20 fautes, vous allez fixer 2 fois les erreurs.

Il faut d'abord lui faire percevoir l'intérêt de la dictée (« ça sert à apprendre à écrire, à raisonner sur la langue française »), puis proposer progressivement des dictées de mots les plus importants pour l'enfant (son prénom, sa famille, ses amis) et les plus fréquents dans son usage scolaire quotidien. Il est utile de fabriquer des phrases avec les mots du programme en choisissant des éléments de grammaire correspondant à son niveau scolaire. Il est alors intéressant d'utiliser les techniques de gestion mentale visuelle et auditive (par exemple faire imaginer le mot, le faire exister) apprises au cours d'une séance d'orthophonie (*cf. question 96*) pour l'aider à fixer les mots d'usage. Dans toutes les situations, il faut avant tout veiller à l'expression du sens.

On peut proposer d'effectuer la dictée à l'aide de l'ordinateur : cela favorise la mémorisation, évite les ratures et impose un traitement visuel mnésique (pendant le temps où on l'écrit, notre mémoire recherche la succession des lettres) par le délai entre la réception du mot et sa production écrite. En dehors du recours au clavier et à l'écran, on peut tenter de faire épeler par l'enfant le mot avant qu'il ne l'écrive, ou le lui faire écrire dans l'espace. Une activité intéressante consiste à inverser les rôles : c'est lui qui élabore et lit une phrase, c'est vous qui écrivez. Dans la dictée à l'adulte, l'enfant est attentif, et ce d'autant plus si vous laissez passer quelques erreurs. Proposer des dictées à fautes (il existe des recueils répertoriés suivant les niveaux scolaires) est également intéressant.

Des méthodologies d'autocorrection sont intéressantes à mettre en place, comme la relecture guidée, à la recherche de la nature et de la fonction de chaque mot. On peut aussi recourir au surligneur pour les mots où la règle s'applique.

101 - Comment soutenir l'enfant qui a honte de ses résultats scolaires ?

Le carnet de notes ou le livret scolaire constituent pour beaucoup d'enfants dyslexiques un véritable cauchemar. Que les notes soient en chiffres ou en lettres, la sanction est souvent inappropriée au travail accompli. Les enfants éprouvent alors un sentiment d'injustice et de honte…

Que peut-on faire dans ces conditions ? La réponse ne peut s'obtenir que dans un partenariat avec les enseignants. Plutôt que de voir l'enfant adopter des conduites d'évitement (oubli ou perte du livret entre l'école et la maison, usage du blanc correcteur…), il est préférable de passer un contrat entre l'élève, les enseignants et les parents. On peut alors, comme le proposent certains enseignants, demander à l'enfant d'effectuer seulement la première partie de la dictée, ne pas lire à haute voix devant toute la classe... ou encore proposer des dictées à fautes que l'enfant devra corriger. On peut également lui accorder un tiers de temps supplémentaire, l'assistance d'un secrétaire ou l'usage de l'informatique.

Tous ces projets et mesures spécifiques ne peuvent être mis en place que si la dyslexie est authentifiée, l'enseignant volontaire, l'enfant engagé dans le projet et les parents partenaires et conscients des enjeux. L'encadrement est plus efficace quand un projet d'intégration peut être mis en place (*cf. questions 29, 110 et 111*).

102 - Doit-on demander à l'enfant de tenir un journal ?

C'est une décision personnelle, mais elle peut être entendue par le jeune dyslexique qui présente un réel plaisir à écrire. Il est souvent intéressant de déclencher cette activité après un événement particulier, un week-end ou des vacances, où il a véritablement quelque chose à dire. Un correspondant un peu éloigné peut, en outre, constituer une stimulation en créant chez l'enfant l'envie de transmettre une expérience par écrit. En revanche, aucune correction n'est possible s'il s'agit d'un journal personnel. Si ce journal revêt un objectif de transmission ou de publication, l'enfant pourra être demandeur du regard et des conseils d'un adulte. Au lieu de qualifier sa production d'un « non, ce n'est pas ça », les parents pourront tenter, en fonction des procédures utilisées par l'orthophoniste, d'amener l'enfant à trouver l'orthographe correcte du mot ou de l'expression.

103 - Comment aider l'enfant à développer son langage oral ? Doit-on surveiller son propre langage ?

Doit-on dialoguer avec lui le plus possible en faisant très attention à employer le mot juste, à bien articuler, à employer la bonne syntaxe ? Dans le quotidien surchargé des parents et des enfants, il est souvent difficile de trouver un moment où chacun peut parler réellement. Un moyen de permettre l'éclosion de cet échange est de prendre ses repas ensemble sans télévision et de donner à chacun un temps de parole libre. Si le moment du repas est l'occasion de conflits, il est plus intéressant d'établir ce partage à un autre moment de la journée (retour de l'école ou avant de dormir).

Toutes les formules sont valables dès lors qu'elles n'entraînent aucune intrusion. Enfin, on n'oubliera pas d'écouter l'enfant jusqu'au bout et de le relancer par des questions ou des commentaires, en portant un réel intérêt à ses réponses. S'il emploie un mot ou une tournure non adaptée, on reformule en lui faisant une proposition, sans commenter. On est agréablement surpris de voir l'enfant la réutiliser comme il le faisait quand il était petit…

104 - Doit-on faire prendre à l'enfant des « petits cours de français » ?

Le problème de l'enfant dyslexique ne se situe par du côté des règles de grammaire. Généralement, il connaît les règles d'orthographe et d'accord, mais elles n'ont pas de sens pour lui. Il est donc peu utile de les répéter, de les recopier sans cesse ou de pratiquer de façon automatique des exercices d'application. Il est nécessaire de faire avant tout un travail sur l'explication du contenu, le sens du code de la grammaire. Il est essentiel de s'assurer qu'il comprend véritablement la nature des mots en la raccrochant à son expérience et non à des leçons qu'il ne comprend pas.

De plus, il faut veiller à ne pas faire un travail qui occuperait une grande partie de son temps libre car il accumule beaucoup de fatigue dans une journée scolaire. Il faut veiller à préserver des temps de détente au cours lesquels il pourra bouger, se distraire, se ressourcer. Des cours du soir ou du rabâchage seront peu efficaces s'il présente une dyslexie. En revanche, un soutien scolaire individuel par une autre personne soulagera les parents du travail de répétition et de l'énervement qui en découle souvent, surtout quand l'enfant grandit.

105 - Comment l'aider par rapport au travail scolaire ?

Quelques conseils aux parents désireux d'aider leur enfant :
— En CP et CE1, assurez-vous qu'il comprend les phrases et textes qu'il lit en les replaçant dans son contexte personnel.
— Continuez à faire des jeux de parole avec les syllabes et les mots difficiles à prononcer pour lui.

— Lisez les sons complexes en même temps que lui, et invitez-le à répéter le mot ensuite en essayant de le revoir écrit en dehors de la page du livre (au plafond par exemple).
— Donnez-lui des renseignements sur l'histoire.
— Corrigez son cahier de textes et vérifiez qu'il a bien compris les consignes.
— Rencontrez souvent les enseignants.
— Encouragez-le à produire de petits textes personnels de quelques lignes.
— Travaillez l'orthographe, essentiellement en dictée.
— Passez des contrats avec lui sur des objectifs précis de respect des règles : « Maintenant, je veux que les verbes se fassent respecter, donc qu'ils soient accordés avec leur sujet » ; puis, la semaine suivante, « que les c'est, ses, ces… soient compris dans leur nature ».
— Evitez de le faire recopier : la copie est un exercice très complexe pour une personne dyslexique en raison de ses problèmes d'orientation dans l'espace et de mémoire immédiate. Elle perd l'endroit où était le mot, revient en arrière, écrit deux fois la même chose, oublie des syllabes ou des mots, confond, inverse…
— Assurez-vous qu'il comprend bien le sens des mots : verbe, nom, adjectif…
— Aidez-le à rechercher dans le dictionnaire.
— Laissez des alphabets affichés à proximité de l'endroit où il travaille.
— Apprenez-lui à se repérer dans le temps, à s'organiser dans son travail.

— Encouragez-le à écrire lisiblement, à mettre la ponctuation, les majuscules…
— Assurez-vous qu'il tient bien son crayon.

Et surtout :
— N'oubliez pas qu'il a avant tout besoin de votre estime.
— Montrez-lui ses progrès.
— Ayez une notation « parents » : il obtient peut-être toujours 0 à l'école dans ses dictées parce qu'il fait plus de 5 fautes, mais s'il passe de 20 à 8 fautes, complimentez-le et considérez qu'il est passé de T (20e lettre de l'alphabet) à H (8e)…

106 - Le suivi de l'enfant s'arrête-t-il à la fin de la prise en charge des troubles du langage écrit ? Comment décide-t-on de l'arrêt du traitement ?

Le moment de l'arrêt de la prise en charge orthophonique est toujours délicat. Il peut survenir pour des raisons apparemment simples : « guérison » de la dyslexie, déménagement, souhait de la famille ou du jeune, indication médicale, non-amélioration par la rééducation… En fait, la question de la cessation de la rééducation est souvent complexe (*cf. question 83*). On n'a jamais fini d'améliorer nos compétences en langage. Tout être humain qui lit, parle et écrit apprend de nouveaux mots, structure de nouveaux énoncés. Il lit et écrit différemment suivant l'usage qu'il en fait. Il est donc difficile de fixer une norme qui indiquerait qu'au-delà de cette limite il n'y aurait rien de plus à faire. S'il faut, à un moment donné, décider d'arrêter l'orthophonie, comment se passe cette décision ? Sur quels critères s'établit-elle ?

Les tests de langage oral et écrit permettent de suivre à un rythme de tous les six mois environ l'évolution des enfants. Il est difficile de les tester plus souvent car les batteries d'examens ne sont pas assez sensibles et l'effet « re-test » entrave la précision des résultats. Mais lorsque l'enfant a atteint un niveau correspondant à son groupe d'âge, qu'il est capable d'effectuer seul la plupart des activités pédagogiques de sa classe, qu'il a développé des compétences lui permettant de continuer à faire seul des acquisitions, on peut espacer la prise en charge. Ensuite, suivant l'enfant, le type de travail entrepris et les résultats obtenus, on pourra arrêter totalement pendant une durée d'un mois, d'un trimestre, de six mois ou d'un an, les séances régulières.

Cependant le dossier de l'enfant est conservé (ce qui rassure ce dernier) et il sera toujours possible de reprendre le travail si la nécessité se faisait sentir. Cette dernière sera évaluée à partir d'un nouveau bilan.

107 - Quelles sont les spécificités du traitement des dyslexies de l'adolescent et de l'adulte ?

Il est banal de dire que travailler avec les adolescents est complexe... Cette réalité concerne également le travail du langage écrit, d'autant plus que la dyslexie est alors un trouble spécifique non dépisté au cours de l'enfance. Le jeune est en général révolté, il a développé tout un ensemble d'attitudes de prestance qui empêchent un travail direct sur le trouble… L'humour détend l'atmosphère : il faut avant tout un climat de confiance et de sécurité pour que l'adolescent sorte de son apathie et se permette de prendre le risque de lire et d'écrire. Le travail est très personnalisé et l'on doit parfois renoncer à certaines techniques car la tâche est trop ardue (*cf. question 33*, le cas de Maxime). Pour d'autres, c'est le travail en groupe qui peut débloquer la situation et donner à l'adolescent l'énergie et le désir de s'en sortir.

Les échéances des examens nationaux officiels constituent des objectifs. Si leur réussite ne guérit pas la dyslexie, elle permet de se réjouir du résultat. Comme le témoigne, par exemple, cette merveilleuse carte postale : *« Cherre madame j'est été ressu au bac comme vous le voyez la dyslessie n'en pêche pas de réussir. »*

Chez les adultes, on retrouve la même révolte, souvent doublée d'un découragement profond qui les fait douter de chaque progrès obtenu. Le travail est long, lent, hasardeux… et la colère très présente :

« Je n'est pas eu de la chanse dans mes année scolaire avec ma dislisique j'eaisper que sa ne se produira plus j'amais pour d'autre enfants qua sa ma détrui ma vie pour vouloir apprendre à écrire et a lire et j'aurrè voulus faire des étude comme beaucous de personne car j'aime l'aconaisanse actlictuelle du savoir. »

Je n'ai pas eu de chance dans mes années scolaires avec ma dyslexie, j'espère que ça ne se produira plus jamais pour d'autres enfants car ça m'a détruit ma vie pour vouloir apprendre à écrire et à lire, et j'aurais voulu faire des études comme beaucoup de personnes car j'aime la connaissance intellectuelle du savoir.

L'adolescence constitue en soi un bouleversement des repères. Si le jeune souffre de dyslexie, la poursuite des efforts devient parfois insupportable. Pour savoir comment l'aider dans sa scolarité, ses rapports avec les enseignants, ses devoirs à la maison... les parents ont besoin d'aide. Le Pr Philippe Jeammet offre de bons repères de ce point de vue dans son ouvrage *Réponses à 100 questions sur l'adolescence* (Solar, Paris, 2002). Le jeune alterne des moments de découragement et de révolte au cours desquels il veut tout arrêter : l'école, la rééducation, les aides spécifiques. C'est à ce moment-là que les groupes de dyslexiques constituent une aide précieuse permettant l'éclosion de repères identitaires (voir la liste des associations p. 229).

Les adolescents et les adultes, plus encore que les enfants, ont le souci de savoir ce qu'est la dyslexie, pourquoi ils sont dyslexiques (et pas les autres). Même si de nombreux domaines sont encore inconnus, l'orthophoniste les informe le plus complètement possible, les tient au courant des secteurs de recherche, les informe de ce qui se passe dans les autres pays, leur donne les noms de dyslexiques célèbres... Tout cela contribue grandement à les aider et à les rendre experts de ce trouble spécifique. Ils peuvent ainsi mieux appréhender leurs difficultés et leurs stratégies laborieuses et parfois réduire, voire effacer, la honte de l'échec.

108 - Peut-on inverser la dyslexie pour en faire un mobile de réussite ?

Lorsqu'on examine le cas des dyslexiques célèbres, on se demande si leur cerveau particulier – qui a peut-être entravé leur acquisition du langage oral (chez Albert Einstein) ou de la lecture (Auguste Rodin ou Léonard de Vinci) – n'est pas également responsable de leur génie. La rumeur signale qu'Albert Einstein n'aurait parlé qu'à 5 ans, que Léonard de Vinci n'aurait véritablement appris à lire qu'à 40 ans à travers les auteurs latins classiques et qu'à 14 ans Auguste Rodin ne savait distinguer ni les lettres ni les mots. Mais tous avaient de grandes capacités qui nous fascinent encore aujourd'hui. On peut citer l'écrivain français C. Mourgue, à propos de Léonard de Vinci :

« Sans rééducation, malhabile à écrire de gauche à droite comme tout le monde et gaucher en plus, nous donnant des textes à lire avec un miroir, Léonard a su garder pour lui-même le secret de son génie ; il a su sublimer plusieurs choses pour transformer en traits de feu chacun de ses coups de crayon, chaque esquisse qui sortait de sa plume, chacun de ses coups de pinceau. Aucun rééducateur ne regrettera cela. »

VIII

La dyslexie dans notre société

109 - La dyslexie est-elle une maladie, une déficience, un handicap ?

Pour les dyslexiques et leurs parents, les professionnels et divers spécialistes de la question, les réponses se diversifient lorsqu'on leur demande de qualifier les dyslexies.

Pour les médecins, il existe 4 à 8 % d'enfants scolarisés qui présentent des troubles spécifiques permettant d'identifier les symptômes de la dyslexie. Le corps médical considère la dyslexie comme une maladie (inscrite au Code de la santé) qui doit être diagnostiquée et traitée le plus rapidement possible (*cf. question 44*). Ils reconnaissent que le diagnostic est difficile, la cause souvent inconnue et le traitement long et complexe. Ils repèrent que la dyslexie n'est pas isolée mais qu'elle s'inscrit dans un syndrome qualifié de « dys » : trouble de la lecture (dyslexie), difficulté spécifique de l'écriture (dysgraphie), trouble de l'orthographe (dysorthographie), trouble de la manipulation des nombres et des raisonnements mathématiques (dyscalculie), trouble structurel du langage (dysphasie).

Pour les enseignants de CP, démunis face à l'élève qui ne suit pas et n'apprend pas à lire, la question d'un manque spécifique, d'une déficience dans les capacités nécessaires à chacun pour apprendre à lire est posée dans les premiers mois de l'apprentissage de l'écrit. Ils s'interrogent sur ce qui manque à l'enfant pour apprendre et accéder, comme les autres élèves de la classe, à la lecture. Au fur et à mesure de la scolarité, en fonction des niveaux de classe, les attitudes et les interrogations des pédagogues se diversifient. La plupart du temps, ils déplorent leur manque de formation dans le domaine. Ils sont souvent demandeurs vis-à-vis des spécialistes de conseils pour l'accueil des jeunes dyslexiques dans leurs classes.

Pour les psychologues et pour beaucoup d'orthophonistes, les difficultés de la lecture ne sont pas à rechercher du côté d'une maladie ou d'une déficience, mais dans le domaine plus large des rapports entre le langage, l'écrit, la connaissance et le rapport au monde. L'enjeu est avant tout de donner un sens à cette activité humaine si complexe qu'est la lecture et de trouver un moyen d'entraîner l'enfant dans cette aventure profondément personnelle et sociale, en déjouant les obstacles et les empêchements occasionnés par l'état de dyslexie. Pour l'orthophoniste, la dyslexie de l'enfant, l'adolescent ou l'adulte est le symptôme d'un trouble de la fonction langage et comme celui-ci se structure à travers l'histoire de chacun, il paraît fondamental d'évoquer les dyslexiques plutôt que la dyslexie en général (*cf. question 2*). Face à une dyslexie, chaque sujet présente des signes multiples qui évoluent en fonction de l'intensité du trouble, de l'âge, de l'entourage et des circonstances de sa vie.

Pour l'adolescent ou l'adulte qui en souffre, la dyslexie, surtout quand elle existe sous sa forme sévère, est un « cauchemar » quotidien, un véritable handicap comme le disent certains. Variant en fonction de l'état physiologique et psychologique, la dyslexie n'est réellement perçue que par le dyslexique lui-même, nécessitant une mobilisation importante pour des actes quotidiens en rapport avec le langage écrit.

110 - Quelle reconnaissance les instances scolaires accordent-elles à la spécificité des problèmes du dyslexique ?

Début 2001, les ministres de l'Éducation nationale et de la Santé ont proposé un plan d'action pour les enfants atteints d'un trouble spécifique du langage oral ou écrit. Ce plan d'action s'articule autour de 5 axes prioritaires :
— prévenir dès la maternelle,
— identifier les enfants porteurs d'un trouble spécifique du langage oral et écrit,
— prendre en charge,
— informer, former, rechercher, évaluer,
— assurer le suivi du plan d'action.

Ce plan d'action a l'ambition d'apporter des réponses graduées, pédagogiques ou médicales, adaptées à l'importance du trouble de chaque enfant. Il prévoit de développer un travail en équipe des différents professionnels de santé et d'enseignement, en complémentarité éducative avec les familles.

Ce plan propose de dépister dès la grande section de maternelle les enfants qui présentent des troubles spécifiques du langage. Le dépistage sera réalisé au sein de l'école par les médecins scolaires à l'aide de tests d'évaluation.

Dans un deuxième temps, il indique l'option de l'Éducation nationale pour la scolarité des enfants dyslexiques : l'intégration. Il n'est pas question d'isoler les enfants dans des classes spécialisées (ce qui était le souhait de certaines associations de parents) mais, au contraire, de les maintenir dans les classes ordinaires en soulignant le besoin de formation des enseignants. Ce plan, dont le coût est estimé à 4,57 millions d'euros, fut mis en œuvre progressivement entre juin 2001 et fin 2003. Le texte complet est contenu dans le bulletin officiel du ministère de l'Éducation nationale n° 6 du 7 février 2002 et est reproduit en annexe (*cf. p. 203*).

Les 28 mesures qu'il comporte permettent de mieux prévenir, repérer et dépister les élèves en difficulté, de mieux accompagner les enfants par la mise en place de projets adaptés et de montrer que les troubles spécifiques nécessitent des aménagements. Ainsi, la mesure n° 10 concerne la passation des examens : « Le diplôme national du brevet, les certificats d'aptitude professionnelle, les brevets d'études professionnelles et le baccalauréat pourront être préparés et passés, par ces élèves, dans des conditions qui ne les pénalisent plus. »

111 - Quelle est leur application dans la réalité ?

Les parents et les professionnels espèrent que ces nouvelles propositions d'action vont être appliquées, d'autant plus que la présentation du plan débutait par un aveu ministériel : « Par ignorance, par fatalisme ou par indécision, notre institution scolaire, déclarait Jack Lang, refusait, semble-t-il, de prendre la juste mesure des difficultés importantes, voire déroutantes, que rencontrent certains enfants atteints de troubles plus ou moins sévères de la parole, de la lecture et de l'écriture. Ces enfants étaient voués, pour la grande majorité d'entre eux, à l'échec scolaire. L'évocation du parcours de quelques hommes célèbres ayant surmonté leur dyslexie, loin d'éclaircir la question, ajoutait probablement au mystère. Les aides accessibles étaient à peu près toutes de nature thérapeutique. À l'école, rien, ou si peu… Pas de savoir pédagogique spécialisé qui aurait permis de conquérir autrement le langage, ses sortilèges et ses pouvoirs. Sans reconnaissance officielle, sans programme de recherche et de formation, les enseignants étaient démunis. Il faut compter sur l'engagement des parents, réunis peu à peu en associations, pour que l'opinion publique soit sensibilisée, voire alertée. Grâce à leur mobilisation, les pouvoirs publics prennent leurs responsabilités » (Jack Lang, présentation du plan d'action présenté en annexe).

Un précédent texte officiel de 1990 reconnaissait l'existence de la dyslexie et une circulaire proposait des aides spécifiques. Elle n'a jamais été appliquée et c'est pourquoi les associations de parents et de professionnels doivent demeurer vigilantes....

112 - Quels sont les surhandicaps consécutifs à la dyslexie : sociaux, culturels, affectifs ?

Nous vivons dans une civilisation où l'écrit occupe une place de plus en plus grande. Comment apprendre, passer un examen, se déplacer, s'informer sans recourir à l'écrit ? De ce fait, la dyslexie entraîne une exclusion : tout concourt à nous donner à lire et à survaloriser cette pratique culturelle. D'autant plus qu'actuellement la lecture sort du livre pour envahir d'autres espaces (Internet, SMS, ...) et pour l'enfant, l'adolescent ou l'adulte interpellé par la prolifération des écrits et la diversité des supports dans toutes les sphères de la vie personnelle, scolaire, professionnelle et sociale, il est difficile d'être un lecteur non expert.

L'exclusion peut apparaître très tôt. Alors que le jeune enfant, dans un désir de devenir grand, mime souvent l'acte de lire, commence à repérer des mots, apprend le geste de lire lorsqu'il manipule un livre, celui qui est exclu, dès les premières phases de l'apprentissage ressent ses difficultés comme une injustice. Il en éprouve de la honte et du découragement. La révolte n'est pas loin. Certains enfants dont le dépistage de la dyslexie ne se fait pas peuvent devenir agités, opposants, difficiles, déprimés. On les repère à l'école comme des enfants posant problème dans le cadre scolaire. Ils sont qualifiés d'inattentifs, de paresseux... On les voit changer d'école, être réorientés, exprimer un désintérêt massif pour l'ensemble des activités scolaires alors qu'un dépistage précoce et une prise en charge adaptée mise rapidement en route permettent dans bien des cas de rééduquer le trouble dyslexique.

Pour le dyslexique adulte, la lenteur en lecture constitue une difficulté au quotidien : lire le journal prend un temps exagérément long, suivre un film en version originale le décourage, déchiffrer les documentations administratives ou culturelles constitue un exploit. Il hésite à se rendre au musée, ne pouvant lire assez vite les indications autour des œuvres.

Devenu à son tour parent, le dyslexique redoute la correspondance avec l'école, éprouve une grande souffrance à ne pas pouvoir lire des histoires à ses enfants. En effet, dès que l'enfant est âgé de 3 ans, le parent devient un « parent d'élève » qui devra retourner à l'école, lire des informations et, éventuellement, répondre à des demandes de l'établissement et des enseignants. Il se sent mis en difficulté s'il doit demander un rendez-vous avec l'enseignant, excuser son enfant malade, demander des précisions sur l'organisation d'une visite de zoo ou de musée… Cette dépendance est pénible pour le parent et gêne l'enfant qui est souvent très discret sur les difficultés de ses parents. La souffrance des parents se double de culpabilité à l'idée de ne pouvoir aider leur enfant dans leur scolarité. Ainsi, la maman de Kevin déclare, les larmes aux yeux : « Mon fils a du mal à lire, c'est ma faute, je ne peux pas l'aider puisque je ne sais pas lire. Je voudrais qu'il ne soit pas nul comme moi. » Mais cette réalité, qui déclenche une grande frustration chez le dyslexique devenu illettré, peut également constituer un moteur quand elle crée chez le parent le désir d'apprendre et de se perfectionner. Lire une histoire chaque soir à son fils a constitué pour Denis une motivation, qui lui a permis de tenter à nouveau de lire et de sortir de son état, en créant un entraînement efficace... avec au bout du compte le plaisir de partager cette conquête avec son fils.

Avoir un parent dyslexique rend parfois les choses plus faciles pour l'enfant. D'une part, le dépistage de ses troubles est plus précoce, d'autre part, si le parent a réussi à s'épanouir dans sa vie personnelle et professionnelle, cette image positive aide l'enfant. Ainsi, le père d'Émilie s'est inquiété dès que sa fille a atteint l'âge de 3 ans. En effet, il observait de nombreux signes dans sa façon d'appréhender le monde et de développer son langage qui lui faisaient craindre une dyslexie. Les évaluations orthophoniques ont révélé chez Émilie des troubles dans la représentation, l'organisation spatiale et temporelle et dans le développement du langage au niveau phonologique et syntaxique alors que le développement lexical était en rapport avec son âge, de même que sa compréhension verbale. Elle a donc été prise en charge très précocement et elle suit actuellement son CE1 sans difficulté.

Il est fréquent qu'à l'âge adulte la dyslexie entraîne une grande incompréhension de l'entourage social, professionnel et même, parfois, familial. Ainsi P. est souvent découragé d'expliquer à ses amis qu'il ne peut changer de profession en raison de ses difficultés en lecture et écriture liées à une dyslexie tenace non traitée dans l'enfance. Tandis que F. n'a pas osé dire à sa femme qu'il avait été dyslexique et, lorsqu'ils attendaient leur premier enfant, il s'est risqué à évoquer ses troubles et a été heureux et soulagé de son soutien immédiat.

113 - Quelles sont les stratégies de prise en charge de la dyslexie dans les autres pays ?

En Belgique, un examen est pratiqué avant l'entrée en 1re primaire afin de dépister les enfants présentant des troubles spécifiques. Il existe ensuite un réseau d'écoles appelées « type 8 » qui accueillent les enfants dyslexiques. Dans les pays anglo-saxons, la dyslexie est également reconnue légalement, prise en charge et accompagnée. Aux États-Unis, la dyslexie a été reconnue comme trouble spécifique des apprentissages, et une loi datée de 1978 reconnaît les besoins spécifiques des enfants dyslexiques en matière de scolarité et de thérapie. Il existe même dans les universités américaines et canadiennes des centres de ressources fonctionnant pour des étudiants dyslexiques.

Dans la plupart des pays, on observe depuis la fin des années 1970 une reconnaissance officielle de la dyslexie. En Belgique, c'est par une loi du 6 juillet 1970 et un arrêté royal du 28 juin 1978 que les besoins des enfants dyslexiques ont été identifiés, en Allemagne, c'est en avril 1978 qu'une directive nationale a permis la mise en place de mesures juridico-sociales. En Grande-Bretagne, un décret de 1981 a déclenché un ensemble de mesures pédagogiques et spécialisées pour aider les enfants dyslexiques.

Les bilans réalisés pour établir des diagnostics de dyslexie sont très comparables d'un pays à l'autre : anamnèse (histoire de la maladie), bilan psychologique et bilan de langage constituent le minimum requis. Les prises en charge sont variées : école, hôpital, centres, cabinets privés. Tout le monde s'accorde sur une durée longue de prise en charge, de 18 mois à plusieurs années, avec généralement 2 séances hebdomadaires.

Une étude réalisée en 1995 par l'European Association for Special Education (EASE), établie à partir de données des différents pays de l'Union européenne, estime que 16 à 24 % de la population scolaire européenne ont des Besoins Educatifs Spéciaux (BES) appelés Special Educational Needs (SEN) par les Anglo-Saxons et qu'ils se répartissent en trois groupes :

— 2 à 3 % de la population ont des BES en raison d'une déficience,

— 4 à 8 % parce qu'ils présentent des troubles d'origine développementale (dyslexie ou dysphasie),

— 10 à 15 % en raison de causes supposées environnementales.

114 - La dyslexie est-elle spécifique à certaines langues ?

La dyslexie est un problème mondial qui concerne les enfants scolarisés. Elle touche 2 à 8 % des enfants d'âge scolaire. On la rencontre dans différentes langues, mais son incidence est plus grande dans les pays où la langue n'est pas transparente (c'est-à-dire quand la correspondance entre les sons et les signes écrits n'est pas directe, pas régulière). Ainsi, le français comporte une certaine proportion de mots non transparents : « chœur », « femme », « monsieur »... La dyslexie est plus fréquente en langue anglaise ou française qu'en langue italienne, espagnole ou allemande, qui sont des langues transparentes, c'est-à-dire avec une grande régularité dans les correspondances entre phonie et graphie.

115 - Existe-t-il des dyslexiques célèbres ?

La dyslexie est évoquée dans les biographies de certains génies. Alors que l'on s'étonne peu de la voir signalée pour des sculpteurs, des dessinateurs ou des peintres, le fait qu'elle soit rapportée pour des écrivains ne cesse de surprendre. Ainsi, Hans Christian Andersen proposait à son éditeur des manuscrits témoignant de ses troubles de l'écrit. Certains sont passés à travers les mailles du filet des correcteurs, notamment dans le récit d'un voyage en Angleterre où il parle du « brackfest » pour « breakfast », de « Schackpeare » ou de « Machbeth »... Tandis que les repentirs de Gustave Flaubert confirment ses difficultés de langage écrit et rassurent les dyslexiques d'aujourd'hui.

Dans la suite des portraits célèbres, on évoque : Léonard de Vinci, Thomas Edison, Alexander Graham Bell, Auguste Rodin, Gustave Flaubert, Hans Christian Andersen, Albert Einstein, Walt Disney, Steven Spielberg, Tom Cruise...

116 - La dyslexie aboutit-elle à l'illettrisme ?

L'illettrisme n'est reconnu officiellement en France que depuis le rapport de V. Espèrandieu datant de 1984 : « *Des illettrés en France* ».

L'Éducation nationale signale qu'actuellement 15 à 20 % des élèves arrivent au collège en maîtrisant mal la lecture et l'écriture. Cela signifie que cette population alphabétisée est jugée insuffisamment cultivée par rapport à l'écrit. Pourtant, ce groupe de jeunes a bénéficié comme les autres enfants de stimulations de toutes sortes en provenance de l'environnement scolaire en classes de maternelle et d'un apprentissage systématique de la lecture et de l'écrit au cours de sa scolarité primaire.

Ces jeunes ne sont pas reconnus comme illettrés dans la définition actuellement prise en compte, qui considère comme relevant de « situations d'illettrisme des personnes de plus de 16 ans ayant été scolarisées et ne maîtrisant pas suffisamment l'écrit pour faire face aux exigences minimales requises dans leur vie professionnelle, sociale, culturelle et professionnelle ».

Parmi eux, certains sont dyslexiques, d'autres ont « désappris » à lire et à écrire pour diverses raisons. On retrouve dans le cadre de l'illettrisme des problèmes de mémoire de travail, de conscience phonologique, d'accès au lexique… mais ces difficultés sont moins marquées chez l'illettré non dyslexique que chez l'illettré dyslexique.

Plusieurs études réalisées récemment en France montrent le lien qui existe entre dyslexie et illettrisme. Dans la population de jeunes adultes illet-trés, on retrouve une forte proportion de dyslexiques dont le trouble n'avait pas été identi-fié. Les chiffres varient de 20 à 50 % selon les étu-des, ce qui met l'accent une fois de plus sur la nécessité de dépistage et de prise en charge adap-tée de la dyslexie.

117 - La dyslexie peut-elle devenir un atout ?

Même si l'on ne peut généraliser et trouver des artistes et des créatifs chez tous les dyslexiques, il est intéressant de repérer leurs aptitudes spéciales. Ainsi, dans son ouvrage *La Dyslexie vraie* (Tou-louse, 1974), M. Critchley rapporte que « M. Auguste Fillon, qui fut tuteur du prince impérial, fils unique de l'empereur Napoléon III, éprouvait de grandes difficultés à apprendre à son élève les éléments de la lecture, de l'écriture et de l'orthographe. Mais son élève était étonnamment doué sur le plan artistique. Il observait que ce don étonnant qui caractérisait le prince, la mémoire des contours et des couleurs, était peut-être l'une des raisons qui lui rendaient si difficile la connaissance de l'orthographe. Lorsqu'on prononçait un mot devant lui, il voyait en esprit l'homme ou la chose, et non un mot imprimé. Ses tuteurs ont eu beaucoup de difficultés à lui appren-dre à lire et à écrire, quoiqu'il ait été très doué en dessin ».

Ronald Davies était considéré comme retardé mental dans son enfance, mais devint ingénieur à l'âge adulte à l'issue d'un long combat. Créateur de centres spécialisés pour dyslexiques, formateur et conférencier, il estime que la dyslexie serait un don. Ayant aidé de nombreux dyslexiques à apprendre à lire et à écrire, il a souvent repéré chez eux des « dons singuliers » :

— une intuition très développée ;
— une pensée plus vive que la moyenne ;
— une perception multidimensionnelle ;
— une pensée en images plus qu'en mots ;
— une imagination très vive.

Si ces capacités ne sont pas détruites, elles peuvent s'épanouir dans différents domaines. C'est la raison pour laquelle on rencontre parmi les dyslexiques des inventeurs, des scientifiques, des créateurs. Ayant la capacité d'utiliser leur cerveau pour transformer ou créer des perceptions, ils sont capables de vivre la pensée comme si c'était la réalité et d'élaborer des théories complexes.

De plus, par la mise en place de stratégies de contournement étayées par une mémorisation sensorielle, les personnes dyslexiques développent un état d'écoute et de présence particuliers qui permettent d'inverser le processus d'échec. Souvent, l'acharnement du dyslexique fait de lui un sujet qui peut se réaliser pleinement, surtout s'il a reçu pendant l'enfance l'estime de son entourage et tout spécialement de ses parents.

Conscient de s'être forgé une autonomie, un état d'esprit et un savoir-faire, un dyslexique respecté et rééduqué va souvent se découvrir des qualités pédagogiques. Ainsi Claude Chassagny, ancien dyslexique et directeur d'école, a su créer une approche originale, créative et innovante de la dyslexie : la thérapie relationnelle du langage.

118 - Et si nous étions tous dyslexiques ?

Lire est une activité complexe soumise à de nombreuses contraintes qui tiennent tout autant au lecteur qu'à l'environnement. S'il est relativement aisé de prendre connaissance de l'actualité dans notre journal favori malgré une grande fatigue matinale et un environnement hostile (transports surchargés aux heures de pointe ou musique poussée au-delà des décibels tolérables), il n'en va pas de même pour décrypter un rapport truffé de termes abscons ou rempli de données chiffrées à assimiler avant une réunion importante. Que dire du livre offert à Noël parce qu'il a obtenu un prix à l'automne et qui nous tombe des mains dès les premières lignes ?

Nous sommes tous parfois dyslexiques. Que se passe-t-il alors ? À certains moments de notre activité de lecture, les mots ne prennent pas sens, ils se brouillent devant nos yeux, nous poussent à les confondre, à inverser des syllabes, à oublier certaines parties de la phrase... mais il suffit que le désir de comprendre, le plaisir de découvrir un auteur, l'envie de goûter un texte, le projet de rechercher une information se déclenchent et nous reprenons pied dans l'art de lire.

Lire est une activité langagière d'accès au sens qui nécessite un apprentissage et met en jeu des mécanismes complexes. Ces mécanismes sont fragiles et jamais complètement acquis. Il peut donc nous arriver à tous d'être parfois dyslexiques. Cependant, grâce à nos aptitudes linguistiques, logiques ou visuo-spatiales, nous compensons rapidement les défaillances... d'autant plus que nous possédons la motivation et la confiance en nous.

L'art de lire est un perfectionnement perpétuel. Il existe toutes sortes d'attitudes et de pratiques dans la relation à l'écrit. C'est pourquoi on ne peut opposer d'un côté ceux qui détiendraient toute cette connaissance – savoir lire – et seraient lettrés et d'un autre ceux qui n'y parviendraient pas – les mal-lisants, les dyslexiques – et seraient des illettrés. Tout comme on ne peut opposer le langage oral, plus accessible, au langage écrit, cette activité plus complexe longtemps considérée comme une matière scolaire à apprendre. La langue est un continuum. Devenir lecteur, c'est avant tout donner du sens à des signes écrits parce qu'ils traduisent la langue.

Annexe

Encart B.O. n° 6 du 7-2-2002

MISE EN ŒUVRE D'UN PLAN D'ACTION
POUR LES ENFANTS ATTEINTS D'UN
TROUBLE SPÉCIFIQUE DU LANGAGE ORAL
OU ÉCRIT
C. n° 2002-024 du 31-1-2002
NOR : MENB0200174C
RLR : 514-5
MEN – BDC – MES – REC

*Texte adressé aux préfètes et préfets de région,
directrices et directeurs régionaux des affaires sanitaires et sociales (DRASS) ; aux rectrices et recteurs d'académie ; aux directrices et directeurs des
agences régionales de l'hospitalisation (ARH) ; aux
présidentes et présidents d'université ; aux directrices et directeurs d'IUFM ; aux préfètes et préfets de
département, directrices et directeurs départementaux des affaires sanitaires et sociales (DDASS) ;*

aux inspectrices et inspecteurs d'académie, directrices et directeurs des services départementaux de l'Éducation nationale.
Réf. : C. DH/EO/97 n° 97/277 du 9-4-1997 ; C. DGS/SQ2/DAS/DH/DSS/DIRMI/99/648 du 25-11-1999 ; C. DHOS/01/2001/209 du 4-5-2001. Texte abrogé : C. n° 90-023 du 25-1-1990 (NOR : MENE9050053N).

La maîtrise de la langue orale et écrite constitue l'enjeu central de toute scolarité et, au-delà, un élément essentiel de l'exercice de la citoyenneté. Le développement de compétences langagières et linguistiques est un facteur déterminant dans l'élaboration des processus de communication et de conceptualisation. Il fait, à ce titre, l'objet d'une attention particulière de la part des parents, ainsi que des professionnels, enseignants en particulier, concernés par l'éducation du jeune enfant. En effet, toute difficulté persistante présentée par un élève en ce domaine est susceptible d'induire des conséquences dommageables sur son développement personnel et scolaire. C'est la raison pour laquelle, dès l'école maternelle, la manifestation de difficultés requiert la vigilance et un ajustement de l'action pédagogique.

Pour certains enfants cependant, cette action conduite dans le cours normal des activités de la classe ou de l'école s'avère insuffisante ou inefficace. Lorsque l'ensemble des signes d'alerte manifestés par un élève laisse à penser que les difficultés qu'il rencontre peuvent être en rapport avec des troubles spécifiques du langage oral ou écrit, il est indispensable de mobiliser les compétences d'une équipe pluridisciplinaire capable d'approfondir les examens et d'établir, dans les meilleurs délais, un diagnostic fiable. Les enfants porteurs de tels troubles nécessitent en effet une prise en charge précoce et durable, parfois tout au long de leur scolarité.

DÉFINITION DES TROUBLES SPÉCIFIQUES DU LANGAGE ORAL ET ÉCRIT

Les troubles spécifiques du langage oral et écrit (dysphasies, dyslexies) qui font l'objet de cette circulaire sont à situer dans l'ensemble plus vaste des troubles spécifiques des apprentissages qui comportent aussi les dyscalculies (troubles des fonctions logico-mathéma-tiques), les dyspraxies (troubles de l'acquisition de la coordination) et les troubles attentionnels avec ou sans hyperactivité.

On estime à environ 4 à 6 % les enfants d'une classe d'âge concernés par ces troubles pris dans leur ensemble, dont moins de 1 % présentent une déficience sévère.

Leur originalité tient à ce que ceux-ci ne peuvent être mis en rapport direct avec des anomalies neurologiques ou des anomalies anatomiques de l'organe phonatoire, pas plus qu'avec une déficience auditive grave, un retard mental ou un trouble sévère du comportement et de la communication. Ces troubles sont considérés comme primaires, c'est-à-dire que leur origine est supposée développementale, indépendante de l'environnement socioculturel d'une part, et d'une déficience avérée ou d'un trouble psychique d'autre part.

LES OBJECTIFS DU PLAN D'ACTION

Le plan global proposé doit permettre un meilleur repérage et dépistage ainsi qu'une prise en compte plus efficace des troubles spécifiques du langage, notamment dans le cadre de l'école. Il doit donner la possibilité aux parents de ces enfants d'accéder, dans des délais raisonnables, à un diagnostic précis assorti d'une prise en charge appropriée à chaque situation.

L'objet du présent texte est de préciser les modalités qui doivent présider à l'élaboration de ces différentes démarches. Il s'articule autour de trois objectifs prioritaires :

— connaître et comprendre ces troubles ;
— assurer la continuité des parcours scolaires ;
— organiser les réponses.

I. Connaître et comprendre ces troubles

L'identification des troubles spécifiques du langage s'inscrit le plus souvent dans le contexte particulier de l'école et des apprentissages fondamentaux. Dans certains cas cependant, en amont de l'action pédagogique du maître, ont pu avoir lieu des interventions préventives des professionnels de santé consultés par les familles. Il est souhaitable alors que l'école en soit informée, si possible dans l'échange qui s'établit à l'occasion de la première inscription à l'école.

En tout état de cause, le principe du libre choix des familles, tout au long de leurs démarches de consultation, doit ici être rappelé.

De même, chaque intervenant veille, dans le cadre de son exercice, au respect du secret professionnel qui s'impose dans l'intérêt de l'enfant et des familles.

I.1. Prévenir sans stigmatiser

En milieu scolaire, le repérage est rendu complexe par le fait que, dans une première approche, les manifestations de ces troubles, sauf dans les cas très sévères d'atteinte du langage oral, ne sont pas radicalement différentes de celles qui peuvent se présenter chez nombre d'élèves.

En effet, la nature et la forme des difficultés relatives au langage oral ou écrit sont multiples, leur intensité variable, leurs origines souvent incertaines. Nombre d'entre elles sont transitoires, en lien avec la situation scolaire qui confronte l'enfant à un contexte social nouveau, plus ou moins éloigné de celui qu'il vit dans sa famille, ainsi qu'à des apprentissages dont il peut, à certains moments, mal percevoir le sens et la finalité parce qu'ils sont différents de ceux qu'il a pu effectuer de manière spontanée.

L'identification des troubles spécifiques du langage n'est pas aisée parce que les difficultés observées dans le domaine de la maîtrise de la langue orale et écrite peuvent revêtir une pluralité de significations. C'est pourquoi l'école doit se garder d'un double écueil, celui de la banalisation comme celui de la stigmatisation. Les réponses ne peuvent être trouvées que dans la réflexion menée par l'équipe éducative, associant nécessairement à l'enseignant les personnels des réseaux d'aides spécialisées, le médecin et l'infirmière de l'Éducation nationale, ainsi que les parents de l'élève.

Il apparaît nécessaire de développer dès l'école maternelle des actions de prévention et de repérage des enfants présentant des signes d'alerte pouvant évoquer des troubles spécifiques du langage. Ces actions de prévention se fondent sur une pratique pédagogique diversifiée et structurée, centrée sur l'acquisition de la langue orale. Elles doivent s'adresser à tous les enfants, a fortiori à ceux qui présentent des risques de difficultés ou des symptômes de trouble du langage. Elles prennent appui sur la connaissance fine des élèves par le maître.

Afin de faciliter la tâche des équipes pédagogiques, les objectifs d'apprentissage du langage seront clarifiés dans les nouveaux programmes pour l'école primaire ; des recommandations relatives à la différenciation pédagogique et à l'évaluation des compétences des élèves seront incluses dans les documents d'accompagnement de ces nouveaux programmes.

Par ailleurs, des outils d'évaluation pour le langage oral et l'entrée dans le langage écrit en grande section de maternelle et en cours préparatoire, élaborés au plan national, commencent à être diffusés aux maîtres. Les protocoles nationaux d'évaluation en cours élémentaire 2e année et en classe de 6e seront enrichis d'exercices nombreux et variés afin de permettre aux enseignants de ces classes, en collaboration avec les membres du réseau d'aides spécialisées aux élèves en difficulté (RASED), d'analyser plus précisément les difficultés rencontrées par les élèves dans l'apprentissage du langage oral et écrit.

I.2. Repérer, dépister, diagnostiquer

Le regard du professionnel de l'enseignement qu'est le maître de la classe, conjugué à celui des membres du RASED, permet de repérer les élèves présentant des signes d'alerte. Il est alors indispensable que, dès ce moment, soient engagés avec les parents les échanges nécessaires afin de les informer et de les associer aux démarches d'aide entreprises au sein de l'école. Ils peuvent ainsi aider à préciser les manifestations éventuelles observées dans le milieu familial. Ces échanges réguliers avec les parents et la qualité des informations qui leur sont données par tous les professionnels concernés constituent l'une des conditions premières de l'efficacité des démarches entreprises.

À partir de ce repérage, un médecin de PMI ou un médecin de l'Éducation nationale, selon l'âge de l'enfant, effectue un dépistage.

Le premier dépistage sera réalisé par le médecin de PMI, à l'occasion du bilan de 3-4 ans, sur la base des informations fournies par l'enseignant, la famille, les membres des RASED. Une attention particulière devra être apportée à l'effectivité de ce bilan de 3-4 ans dont le taux de couverture est actuellement très variable selon les départements.

Un second dépistage sera organisé dans les mêmes conditions auprès des enfants de 5-6 ans par le médecin de l'Éducation nationale. L'article L. 541-1 du Code de l'éducation prévoit en effet que tous les enfants soient obligatoirement soumis à une visite médicale au cours de leur sixième année : ce bilan de santé est déjà réalisé par les médecins et infirmières de l'éducation nationale avec un taux de couverture de 92 %. Il convient de le faire évoluer afin qu'il soit clairement un moyen d'explorer les capacités langagières des enfants et qu'il puisse conduire à un échange entre la famille, les professionnels de santé et les professionnels de l'enseignement.

À cette fin, des outils d'évaluation et de dépistage des troubles du langage feront l'objet de recommandations par une commission d'experts pluridisciplinaire qui précisera également les modalités d'utilisation et d'interprétation des données. On constate, en effet, que les méthodes proposées en France à ce jour sont récentes et parfois non validées. Certains travaux sur le sujet ont cependant déjà été engagés. Il est possible de les consulter sur le site Internet de l'Agence nationale d'accréditation et d'évaluation en santé (ANAES).

Pour une meilleure efficacité du dépistage dès l'école maternelle, il convient enfin de renforcer la continuité entre la protection maternelle et infantile et la médecine de promotion de la santé en faveur des élèves. La généralisation de la transmission du dossier médical de liaison rempli par la PMI (institué par l'arrêté interministériel du 18 août 1997 publié au JO du 2 septembre 1997) permet d'assurer, en lien avec les familles, le suivi prioritaire des enfants nécessitant une attention particulière.

Enfin, si les difficultés d'apprentissage de la lecture n'ont pas suscité d'études approfondies antérieurement, à l'occasion de l'évaluation en début de CE2, la situation des enfants présentant des compétences faibles en lecture fera l'objet d'un examen attentif.

À l'issue des investigations réalisées en milieu scolaire, les parents sont invités, si nécessaire, à consulter pour leur enfant des professionnels de santé afin qu'un diagnostic soit établi. Ce diagnostic, pluridisciplinaire, s'appuie toujours sur un bilan médical, orthophonique et psychologique afin d'éliminer tout déficit sensoriel, pathologie neurologique, trouble cognitif non verbal, trouble envahissant du développement ou carences importantes dans l'environnement de l'enfant. Il doit permettre de préciser le caractère spécifique du trouble et sa sévérité, d'éliminer ou de préciser un éventuel trouble associé et d'indiquer les modalités de prise en charge. Ces bilans peuvent être faits en ville auprès de professionnels de santé ou, pour les cas complexes, dans des centres de référence hospitaliers dont la liste établie par la Direction de l'hospitalisation et de l'organisation des soins (DHOS) sera régulièrement publiée par le Comité français d'éducation pour la santé (CFES).

La coopération entre les professionnels à des fins d'échanges d'informations et d'élaboration de projets (notamment coordination des différentes étapes de repérage, de dépistage et de diagnostic, et mise en œuvre des mesures de prise en charge) est ici essentielle.

En d'autres termes, la qualité du repérage, du dépistage et du diagnostic d'enfants porteurs d'un trouble spécifique du langage constitue une étape essentielle et déterminante pour définir les meilleures conditions d'une prise en charge individualisée.

II. Assurer la continuité des parcours scolaires des élèves

Il s'agit évidemment de privilégier une scolarité au plus proche du milieu ordinaire, accompagnée, à la mesure des besoins de l'enfant, sans exclure les prises en charge spécialisées si nécessaire, mais en évitant absolument d'engager les élèves dans des filières rigides tout au long du parcours scolaire.

Sauf exception, liée à des cas graves associant plusieurs déficiences, les élèves présentant des troubles spécifiques du langage n'ont pas vocation à effectuer l'ensemble de leur scolarité dans un établissement spécialisé.

Lorsque le diagnostic est établi, il est indispensable d'élaborer un projet individualisé de scolarisation, adapté à la nature et à la sévérité des troubles. Ce projet doit faire l'objet d'un suivi, non seulement tout au cours de la scolarité primaire, mais également durant la scolarité secondaire car les difficultés persistantes dans la maîtrise de l'écrit constituent bien évidemment une entrave durable pour l'acquisition et l'évaluation des connaissances scolaires.

La prise en charge satisfaisante de ces élèves en milieu scolaire, dès lors que les troubles présentés sont graves, ne peut s'effectuer sans qu'un partenariat soit établi avec les personnels spécialisés intervenant dans le domaine des soins et des rééducations. Cette prise en charge suppose en effet la mobilisation d'une équipe pluridisciplinaire.

II.1. Les modalités de prise en charge

Dans une majorité de cas, l'existence de troubles spécifiques du langage est compatible avec une scolarité dans une classe ordinaire, moyennant une information satisfaisante des enseignants. Cette information doit leur permettre de mieux appréhender l'impact de ces troubles sur les différentes situations d'apprentissage (séquences mobilisant des supports écrits, productions écrites de l'élève, apprentissage des langues vivantes étrangères…) et d'en tenir compte lors des évaluations. Il convient en effet que l'enseignant aide l'élève à conserver la confiance dans ses capacités et à concentrer ses efforts sur des objectifs adaptés. Il peut ainsi maintenir un niveau d'exigences raisonné, suscitant chez l'élève la motivation nécessaire pour compenser les difficultés qui sont les siennes.

Ces aménagements pédagogiques doivent permettre au plus grand nombre d'élèves de suivre une scolarité ordinaire. Ce n'est que pour certains d'entre eux, présentant des troubles sévères et, le plus souvent, pour une durée déterminée, qu'une prise en charge plus globale dans un établissement spécialisé s'avère indispensable.

En conséquence, le déroulement de la scolarité peut s'effectuer :

• Pour la majorité des enfants et des adolescents concernés :

— dans une classe ordinaire avec des stratégies pédagogiques diversifiées ; l'enseignant veille à ce que les situations d'apprentissage qu'il propose soient suffisamment variées pour permettre aux élèves d'exercer leur compréhension et de manifester les compétences qu'ils ont acquises, en dépit de leurs difficultés,

— dans une classe ordinaire, conjuguant une adaptation de l'enseignement avec des interventions des membres du réseau d'aides spécialisées (RASED) et un suivi par les médecins de l'Éducation nationale en lien avec des dispositifs d'accompagnement médico-social, ou encore des professionnels libéraux. Dans ce contexte, il n'y a pas lieu de s'opposer à des soins ou à des rééducations extérieurs à l'école pendant le temps scolaire. En effet, il peut être nécessaire d'aménager, selon les besoins, les horaires scolaires pour concilier, dans l'intérêt de l'enfant, scolarisation et interventions spécialisées.

Ces projets individualisés établis en école primaire doivent trouver un prolongement, adapté à l'évolution des besoins particuliers de chaque élève, en collège et en lycée. En effet si l'existence de ces troubles n'interdit pas aux élèves de suivre une scolarité ordinaire, leur impact demeure sensible, pour nombre d'entre eux, tout au long de leur scolarité.

• Pour les enfants ou adolescents présentant des formes sévères (moins de 1 % des élèves) :

— dans une classe d'intégration scolaire (CLIS) dans une école ordinaire avec l'aide des services d'éducation spéciale ou de soins, pour une durée variable selon la sévérité des troubles présentés par chaque enfant ; ce dispositif collectif de scolarisation est structuré autour d'un projet pédagogique précis élaboré pour des élèves présentant des besoins éducatifs suffisamment proches ; il doit favoriser autant qu'il est possible la participation de l'élève aux activités d'une classe correspondant à sa classe d'âge. L'objectif est bien de conforter les apprentissages en langue orale et écrite, d'accroître l'autonomie de l'élève pour faciliter dès que possible son retour en classe ordinaire, avec un projet individualisé,

— dans des unités pédagogiques d'intégration (UPI) en collège, également structurées autour d'un projet pédagogique précis, pour des adolescents présentant des troubles dont la sévérité exige des aménagements pédagogiques importants, peu compatibles avec une scolarité à temps plein dans une classe ordinaire de collège. Cette forme de scolarisation s'accompagne de la continuation d'une prise en charge par un service d'éducation spéciale ou de soins,

— dans la classe d'un établissement spécialisé, avec des rééducations et des interventions thérapeutiques intensives et pluridisciplinaires, dans le respect des exigences de la scolarisation et de la « vie personnelle » de l'enfant ou de l'adolescent, si l'intensité des troubles exige une prise en charge dans un environnement spécialisé. Là encore, ce séjour, sauf exception, doit avoir une durée limitée (deux à trois ans).

La qualité et la pertinence des prises en charge exigent une mise en cohérence, avec bilan périodique, des différentes interventions des professionnels.

Qu'elles soient pédagogiques, rééducatives ou thérapeutiques, les prises en charge nécessitent une évaluation de l'efficacité des méthodes de rééducation, de « remédiations » ou de compensations pédagogiques utilisées. Elles requièrent aussi un développement de la recherche appliquée susceptible d'aider à déterminer des contenus et des moyens de prise en charge.

II.2. Les modalités d'orientation

Toute orientation vers un dispositif collectif d'intégration (CLIS, UPI), a fortiori vers un établissement spécialisé, requiert la décision d'une commission de l'éducation spéciale : commission de circonscription préscolaire et élémentaire (CCPE), commission de circonscription du second degré (CCSD) ou commission départementale d'éducation spéciale (CDES), selon les cas.

Par ailleurs, pour faciliter le travail des CDES dans l'évaluation des situations les plus lourdes susceptibles de constituer un réel handicap et de nécessiter une éducation spéciale contraignante, des consignes réactualisées portant sur l'usage du guide barème pour l'évaluation des déficiences et des incapacités leur seront données, en application des indications élaborées par le comité de suivi du guide barème. En effet, dans l'état actuel des choses, le guide barème comporte un chapitre spécifique concernant les conséquences des déficiences du langage (sévérité des incapacités et désavantages éventuellement générés par ces troubles), dont l'application semble peu homogène.

II.3. Les modalités d'évaluation des compétences

Tout au long de la scolarité, il est nécessaire de veiller aux conditions (temps, supports, etc.) et aux critères d'évaluation pour les élèves porteurs de troubles spécifiques du langage. Afin d'éviter que ne s'installe un vécu global d'échec chez ces élèves, on s'attachera à distinguer, dans leurs productions, les acquisitions réelles dans les différentes disciplines et l'impact des troubles sur la qualité de l'expression.

Les conditions de passation des examens sont actuellement en cours d'aménagement ; elles doivent garantir le respect de l'anonymat et la valeur des diplômes scolaires, professionnels ou universitaires.

III. Organiser les réponses

Pour mener à bien ce plan d'action, il est nécessaire d'articuler plusieurs volets :
— mobiliser des ressources de manière cohérente sur un territoire, le département dans certains cas, la région dans d'autres,
— former les personnels pour favoriser les coopérations,
— encourager des études et des recherches.

III.1. Mobiliser des ressources

Au plan départemental
Une meilleure prise en compte des besoins des élèves présentant des troubles spécifiques du langage devra requérir, dans certains cas, une adaptation des dispositifs pédagogiques spécialisés, voire une extension des places d'accueil en établissements ou en services spécialisés agréés. Les groupes de coordination départementaux Handiscol constituent l'instance d'analyse de ces besoins et d'élaboration éventuelle de propositions.

Parallèlement, les inspecteurs d'académie, directeurs des services départementaux de l'Éducation nationale (IA-DSDEN), veilleront à favoriser l'élaboration, avec les présidents des conseils généraux, d'une convention cadre précisant les modalités d'intervention et de collaboration des équipes de PMI, des médecins de l'Éducation nationale, des RASED, des enseignants et des autres professionnels de santé. Cela permettrait de généraliser le dépistage des troubles spécifiques du langage à l'école lors des bilans de 3-4 ans et de 5-6 ans en sensibilisant, avec l'appui des DDASS, les services du conseil général, et notamment celui de la PMI.

Une circulaire d'instruction aux services déconcentrés incitera également les DDASS à identifier, au sein de chaque département, un réseau de professionnels de santé libéraux compétents pour l'élaboration des diagnostics et le suivi des prises en charge en lien avec les centres référents précités.

Les réflexions à mener dans les départements pourront se trouver éclairées par les conclusions de la mission confiée conjointement à l'IGAS et à l'IGEN afin d'évaluer le rôle des dispositifs médico-social et sanitaire, ainsi que des dispositifs pédagogiques concernés dans les réponses à proposer aux enfants porteurs de troubles spécifiques du langage, tant en matière qualitative que quantitative, pour le dépistage, le diagnostic et la prise en charge : centres d'action médico-sociale précoce (CAMSP), centres médico-psycho-pédagogiques (CMPP), établissements et services médico-éducatifs de type services d'éducation spéciale et de soins à domicile (SESSAD), centres médico-psychologiques, maisons d'enfants à caractère sanitaire (MECS). Ces conclusions pourront donner lieu à instructions complémentaires.

Au plan régional

Un appel à projets a été lancé par la circulaire DHOS/01/2001/209 relative à l'organisation de la prise en charge hospitalière des troubles spécifiques d'apprentissage du langage oral et écrit, adressée aux DRASS, DDASS et ARH le 4 mai 2001, avec pour objectif d'identifier et de promouvoir, dans les centres hospitaliers universitaires, des centres référents formés d'équipes pluridisciplinaires permettant d'élaborer des diagnostics précis, de proposer des modes de prise en charge et d'envisager des études ou des recherches sur l'évaluation de ces prises en charge. La liste des centres référents retenus sera régulièrement mise à jour et consultable sur le site Internet du CFES.

Enfin, afin d'étudier la possibilité de reconnaître les troubles sévères du langage au titre des affections de longue durée, une procédure de saisine du Haut Comité médical de la sécurité sociale a été lancée.

III.2. Former les acteurs et favoriser les coopérations

Une information sur le repérage des signes d'alerte et les prises en charge spécialisées, ainsi qu'une formation aux réponses pédagogiques diversifiées nécessaires seront intégrées à la formation initiale des enseignants du 1er et du 2e degrés (dans le cadre de la maîtrise des langages et quelle que soit la discipline).

Dans la formation initiale et continue des enseignants spécialisés – options E, F, G – seront confortées la prise en compte des difficultés d'apprentissage du langage oral et écrit et les connaissances concernant les troubles spécifiques du langage en insistant notamment sur les aspects didactiques et pédagogiques. Des préconisations seront adressées aux centres de préparation des psychologues scolaires pour renforcer dans leur formation l'approche des troubles spécifiques du langage.

Par ailleurs, des recommandations seront données aux recteurs quant à l'élaboration des plans académiques de formation continue, permettant un accroissement des offres de formation des enseignants du 1er et du 2e degrés et pluricatégorielles (enseignement et santé) relatives à l'apprentissage du langage (maîtrise, difficultés, troubles, remédiations).

De la même manière, la formation initiale des médecins (sensibilisation au cours du second cycle des études, formation professionnalisante au cours du troisième cycle) sera enrichie afin d'accroître leurs compétences sur les troubles du langage.

Le cahier des charges du programme de formation initiale des orthophonistes est en voie de réactualisation afin notamment de développer les pratiques de recherche et d'évaluation en orthophonie. De plus, dès l'année scolaire 2001-2002, le nombre d'étudiants à l'entrée du certificat de capacité d'orthophoniste a été relevé de 50 places. En ce qui concerne les psychomotriciens, une réflexion est en cours pour améliorer leur formation sur la prise en charge de ces enfants.

Il est également nécessaire d'intensifier la formation continue des professionnels de santé en accord avec la Commission nationale d'agrément des formations (pour les médecins) et les fédérations nationales d'orthophonistes.

La loi relative aux droits des malades et à la qualité du système de santé permettra d'orienter la formation médicale continue vers des thèmes de santé publique tels le dépistage et le diagnostic des troubles du langage, thèmes qui toucheront non seulement des médecins libéraux installés (généralistes et pédiatres) mais aussi des médecins salariés (médecins de l'Éducation nationale, médecins de PMI).

S'agissant de la formation continue des orthophonistes, elle permettra de les former à l'utilisation de nouveaux outils validés et de développer la recherche et l'évaluation des pratiques professionnelles en orthophonie. Des propositions ont été faites par la Fédération nationale des orthophonistes (FNO).

Pour mener à bien ces programmes de formation, il convient de constituer un vivier de formateurs, tant dans le domaine de l'enseignement que dans celui de la santé, en utilisant en particulier les groupes de recherche universitaires déjà engagés sur ces problématiques.

Un pôle de ressources, de formation et de recherche en lien avec l'université et les centres hospitaliers universitaires sera développé dans le cadre de la réactualisation des missions du Centre national d'études et de formation pour l'enfance inadaptée (CNEFEI) de Suresnes.

Enfin, pour diffuser plus largement, au-delà des seuls spécialistes, l'information disponible sur l'existence de ces troubles, leur prévalence, les indicateurs et les outils permettant de les repérer, ainsi que sur les possibilités de prise en charge, le CFES a reçu la mission d'élaborer, en lien étroit avec les associations, un plan de communication vis-à-vis du public et des professionnels éducatifs, sanitaires et sociaux.

III.3. Encourager des études et des recherches

La qualité de l'expertise dépend en grande partie de la fiabilité des tests utilisés pour aider les enseignants à repérer et les professionnels de santé à dépister un trouble et à orienter le bilan. Les objectifs de chacun des tests disponibles doivent être connus et utilisés à bon escient chaque fois qu'un enfant en difficulté aura été repéré.

La mission assignée à la commission technique précitée, composée d'experts pluridisciplinaires épidémiologistes et cliniciens, d'enseignants et de représentants des ministères chargés de la Santé et de l'Éducation nationale, est d'élaborer pour les professionnels, au plan national, des recommandations sur les outils validés utilisables chez l'enfant, notamment lors du bilan de 3-4 ans effectué par la PMI à l'entrée de l'école maternelle et lors du bilan obligatoire de 5-6 ans qu'assurent le médecin et l'infirmière de l'Éducation nationale.

Les besoins en matière de connaissance et d'évaluation des pratiques professionnelles, en particulier en orthophonie, ont été soulignés à plusieurs reprises et figurent dans les recommandations de l'Agence nationale d'accréditation et d'évaluation en santé (ANAES). Des actions concourant à l'évaluation des pratiques professionnelles des orthophonistes dans la rééducation des troubles spécifiques du langage pourront être financées par le Fonds d'aide à la qualité des soins de ville (FAQSV). Les promoteurs devront présenter leur projet à un comité de gestion du FAQSV, instance décisionnelle en matière d'attribution des aides. En fonction du caractère national ou régional du projet, celui-ci sera transmis par le promoteur aux services de la Caisse nationale d'assurance maladie des travailleurs salariés (CNAMTS) ou de l'Union régionale des caisses d'assurance maladie (URCAM).

Seront aussi développées des études épidémiologiques et des programmes de recherche clinique, notamment dans le domaine de l'évaluation des pratiques de soins. Un appel d'offres reconductible a été lancé en ce sens par la circulaire DHOS/2000/641 du 28 décembre 2000 relative au PHRC 2001.

Il sera procédé à des appels d'offres reconductibles de recherche appliquée en lien entre le ministère de l'Éducation nationale et celui de la recherche, notamment sur les stratégies pédagogiques et sur les contenus didactiques.

Compte tenu de la diversité et de la complexité des mesures à mettre en œuvre, il est souhaitable d'assurer le suivi institutionnel des mesures arrêtées. Cette tâche a été dévolue à un comité interministériel, permettant de consolider le partenariat déjà établi. De même, il semble souhaitable, tant au plan départemental que régional, de conduire la réflexion dans un cadre partenarial en associant les associations spécifiquement concernées.

Vous voudrez bien alerter nos services sur toute difficulté dans la mise en œuvre de la présente circulaire.

La ministre de l'Emploi et de la Solidarité, **Élisabeth GUIGOU**
Le ministre de l'Éducation nationale, **Jack LANG**
Le ministre de la Recherche,
Roger-Gérard SCHWARTZENBERG
La ministre déléguée à la Famille, à l'Enfance
et aux Personnes handicapées, **Ségolène ROYAL**
Le ministre délégué à la Santé, **Bernard KOUCHNER**

Ressources

— Plan d'action pour les enfants atteints d'un trouble spécifique du langage consultable sur : http://www.sante.gouv.fr/htm/actu/index.htm [ou http://www.sante.gouv.fr/bo/2002/6/encart.htm] ou http://www.education.gouv.fr/discours/2001/dyslexie.htm

— Haut Comité de la santé publique, revue trimestrielle de mars 1999 *Actualité et dossier en santé publique* consultable sur : http://hcsp.ensp.fr

— ANAES (Agence nationale d'accréditation et d'évaluation en santé) :
septembre 1997 : « Indications de l'orthophonie dans les troubles du langage écrit chez l'enfant »
mai 2001 : « L'orthophonie dans les troubles spécifiques du développement du langage oral chez l'enfant de 3 à 6 ans »
Ces deux dossiers sont consultables sur le site de l'ANAES : http://www.anaes.fr

— Comité français d'éducation pour la santé (CFES) consultable sur : http://www.cfes.sante.fr

Bibliographie

Des livres et des articles pour en savoir plus

AUDOUARD Michel *et al.* – *L'Échec en écriture*, L'Harmattan, Paris, 1999.

CASALIS Séverine – *Lecture et dyslexies de l'enfant*, Septentrion, Paris, 1995.

CHAUVEAU Gérard – *Comprendre l'enfant apprenti lecteur*, Retz, Paris, 2001.

CHEMINAL Renée, BRUN Vincent – *Les Dyslexies*, Masson, Paris, 2002.

CRUIZAT Paule, LASSERRE Monique – *Dyslexique, peut-être ? et après...*, La Découverte, Paris, 2002.

DAVIES Ronald – *Le Don de dyslexie*, La Méridienne, Paris, 1995.

DUMONT Annie – *Mémoire et langage, Surdité, Dysphasie, Dyslexie*, Masson, Paris, 2001.

GELBERT Gisèle – *Lire, c'est vivre*, Odile Jacob, Paris, 1996.

GREGOIRE Jacques, PIÉRART Bernadette – *Évaluer les troubles de la lecture*, Deboeck, Bruxelles, 1994.

HABIB Michel – *Dyslexie : le cerveau singulier*, Solal, Marseille, 1997.

JAFFREDO Nadine, KRIZ-GAUTIER Christine – *Carnets de voyage : aspects théoriques et cliniques de la dyslexie en Europe*, Ortho-Édition, Isbergues, 1992.

LORENZI Christian, DUMONT Annie, FULLGRABE Christian – « Use of temporal envelope cues by children with developmental dyslesia », *Journal of Speech Language and Hearing Research, n° 43, 2000.*

MORAIS José – *L'Art de lire*, Odile Jacob, Paris, 1994.

OUZILOU Colette – *Dyslexie, une vraie fausse épidémie*, Presses de la Renaissance, Paris, 2001.

PECH-GEORGEL Catherine, GEORGE Florence – *Approches et remédiations des dysphasies et dyslexies*, Solal, Marseille, 2002.

PLANTIER Gisèle – *Les Malheurs d'un enfant dyslexique*, Albin Michel, Paris, 2002.

REVOL Olivier *et al.* – *Prise en charge de la dyslexie en 2000. Enquête transversale chez 714 enfants en France*, ANAE, n° 62-63, pp. 147-153, mai 2001.

SAINT-MARS (DE) Dominique, BLOCH Serge – *Max n'aime pas lire*, Calligram, Paris, 1992.

SAUVAGEOT Béatrice, METELLUS Jean – *Vive la dyslexie !*, Nil Éditions, Paris, 2002.

SPRENGER CHAROLLES Liliane – *La Dyslexie repensée, Sciences humaines*, n° 134, janvier 2003.

VAN HOUT Anne, ESTIENNE Françoise – *Les Dyslexies*, Masson, Paris, 1998.

Associations et sites Internet

APEDYS-France (Association de parents d'enfants dyslexiques)
3, impasse de la Pente – 95280 Jouy-le-Moutier

Tél. 01 30 30 22 62 – Site : www.apedys.com

APEDA France (Association française de parents d'enfants en difficulté d'apprentissage du langage écrit et oral)
3 *bis*, avenue des Solitaires – 78320 Le Mesnil-Saint-Denis

Tél. 01 34 61 96 43 – Mél : apeda@ifrance.com

Association Dyslexia
274, boulevard Raspail – 75014 Paris

Tél. 01 43 35 31 05

Association Avenir Dysphasie France (AAD)
20 *bis*, avenue Carnot – 78100 Saint-Germain-en-Laye

Tél. 01 34 51 28 26

CORIDYS (Coordination des intervenants auprès des personnes souffrant de dysfonctionnements neuropsychologiques)
7, avenue Marcel-Pagnol – 13090 Aix-en-Provence

Tél. 04 42 95 17 96 – Site : www.coridys.asso.fr

Fédération française des troubles spécifiques du langage et des apprentissages
43, avenue de Saxe – 75007 Paris

Tél. 01 47 83 94 88 – Mél : federationfla@aol.com

Autre site très intéressant, créé par les parents d'un enfant dyslexique :
www.motamot.surinternet.net

Index

A

Adressage 72, 101, 126, 128, 130, 139, 154, 169

Alegria (J) 140

Alouette (test de l') 19, 139

Anxiété 33, 35, 36, 81, 83, 118, 119, 120, 122, 147

Aphasie 87

Apprentissage de la lecture 13, 23, 24, 27, 28, **31–33**, 36, **43–44**, 53, 55, 75, 116, 122, **126–129**, 129, 136, 137, 149, 201

Apprentissage du langage 18, **25–26**, 32, 59, 85, 133, 141, 142, 147, **179**

Assemblage 72, 100, 102, 111, 126, 128, 139, 169, 175

Association **66**, 76, 97, 124, 135, 151, 191

Attention 26, 55, 60, 84, 101, 102, 104, 110, 115, 118, 161, **172–174**

B

Baddeley (Alan) 110

BELEC 140

Beller (Isi) 152

Bettelheim (Bruno) 118

Bilan orthophonique 18, 24, 37, 38, 46, 50, **51**, 51, 55, 67, 70, 71, 76, 80, **81**, **136–140**, **147–148**, 155, 156, 157, 167, 170

Broca (Paul) 87, 88, 94, 96, 101

C

Cécité verbale 35

Cerveau 52, **93–100**, 100, 110

Chassagny (Claude) 76, 86, 151, 200

Codage 151, 153, 154, 160, 164

Cognitif 25, 94, 97, 100, 101, 107, 115, 126, 128, 132, 137, 139, 153, 156, 172

Concentration 60, 84, 133

TABLE DES MATIÈRES

V **La dyslexie vue par les psychologues** 114

Mieux comprendre l'hyperactivité

(Pocket n° 12217)

Impulsivité, impatience, déficit d'attention : l'hyperactivité se traduit par de nombreux symptômes qui rendent la vie quotidienne difficile à chaque âge. Ce livre écrit par des spécialistes propose des solutions adaptées – rééducation orthophonique, psychomotricité, thérapie du comportement et de l'estime de soi – pour mieux vivre avec ce trouble, et prévenir d'éventuelles complications. Un guide clair, simple et complet qui fait le tour du sujet en 131 questions.

Il y a toujours un Pocket à découvrir

Quelle école pour demain?

Marie-Danielle Pierrelée
Agnès Baumier

Pourquoi
vos enfants s'ennuient
en classe

Une place
pour chacun
dans un collège
pour tous

POCKET

(Pocket n° 11898)

Ce sont des élèves
d'horizons divers, aux
aptitudes et aux rythmes
d'apprentissage
différents, qui se
retrouvent aujourd'hui sur
les bancs de la classe.
L'école unique a fait son
temps : combien de
laissés-pour-compte, de
talents méconnus par un
système qui ne fait pas
place à cette diversité ?
Pour construire l'école de
demain, une femme de
terrain propose des
solutions concrètes et
innovantes.

Il y a toujours un Pocket à découvrir

Préparer l'enfant à la vie

Françoise Dolto
La cause des enfants

En respectant l'enfant, on respecte l'être humain

POCKET

(Pocket n° 11894)

Pionnière de la psychanalyse des enfants en France, Françoise Dolto est la première à considérer dans ses recherches le point de vue de l'enfant. Puisant dans sa riche expérience, s'appuyant à la fois sur la littérature, l'ethnologie et la psychanalyse, elle propose une approche profondément neuve, désireuse d'inventer un monde où l'enfant recevrait une véritable éducation de vie.

Il y a toujours un Pocket à découvrir

Impression réalisée sur Presse Offset par

BRODARD & TAUPIN

GROUPE CPI

31233 – La Flèche (Sarthe), le 31-08-2005
Dépôt légal : septembre 2005

POCKET – 12, avenue d'Italie - 75627 Paris cedex 13
Tél. : 01.44.16.05.00

Imprimé en France